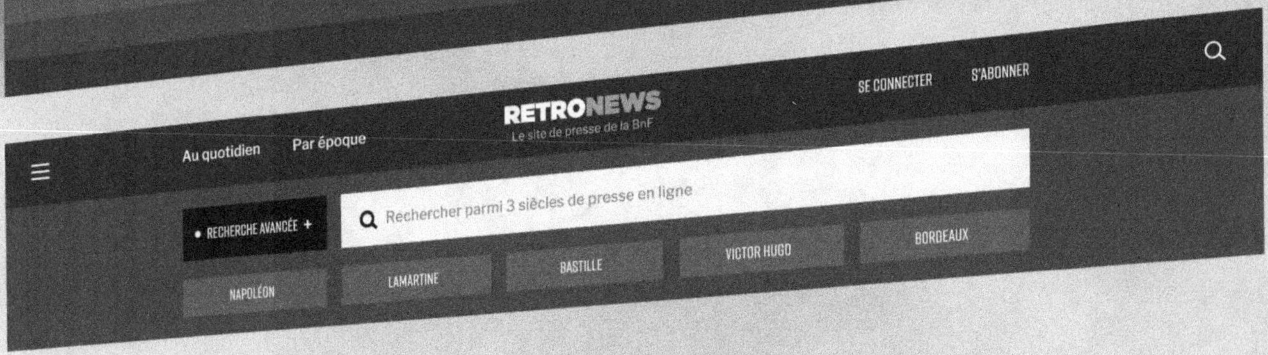

BULLETIN

DE LA

SOCIÉTÉ DE LINGUISTIQUE

DE PARIS

Volume 15
(1908)

Bulletin No. 56

Réimprimé par
DAWSON-FRANCE S. A.
PARIS

BULLETIN

DE LA

SOCIÉTÉ DE LINGUISTIQUE

Reproduit par offset
avec la permission de la

SOCIÉTÉ DE LINGUISTIQUE DE PARIS

pour

DAWSON-FRANCE, S.A.
4, Faubourg Poissonnière
PARIS, 10e. FRANCE

RÉIMPRIMÉ EN BELGIQUE
1966

BULLETIN

DE LA

SOCIÉTÉ DE LINGUISTIQUE

DE PARIS

TOME QUINZIÈME

(1908)

(*Ce bulletin est publié* exclusivement *pour les Membres de la Société et n'est pas mis dans le commerce.*)

PARIS

—

1908

BULLETIN

DE LA

SOCIÉTÉ DE LINGUISTIQUE

Nº 56

PROCÈS-VERBAUX DES SÉANCES

DU 23 NOVEMBRE 1907 AU 13 JUIN 1908

SÉANCE DU 23 NOVEMBRE 1907.

Présidence de M. SAINÉAN, vice-président.

Présents : MM. Bauer, Ernout, Gauthiot, Lacombe, Lejay, Lévy, Meillet, Reby, Sacleux, Sainéan, Thomas, Vendryes.

Excusé : M. Brunot.

Communications. M. MEILLET montre que, dans les langues où la qualité sourde et sonore est déjà troublée d'une façon générale, une sourde initiale des mots accessoires et inaccentués est sujette à devenir sonore ; de là le *th* doux de l'anglais *the* et *thou,* le *d* de l'arménien *da* et *du,* etc. M. Finck a signalé un fait pareil à Samoa, ce qui indique la généralité du phénomène. Le *t* du préverbe irlandais accentué *to* est donc ancien, et le *d* de la forme inaccentuée *do* est secondaire. De même en irlandais, dans des mots pareils, *s* passe à *h* ; de là *amail* « comme » en face de *samail* « ressemblance ».

Observations de MM. Gauthiot et Vendryes.

M. Vendryes expose que les mots irlandais *claideb*, gall. *cleddyf* « épée », rattachés d'ordinaire à un prototype préceltique **kladibo-* ou **kladebo-*, s'expliquent mieux par l'hypothèse d'un prototype **kladio-*, qui serait devenu en brittonique **kladid-*, d'où par dissimilation **kladib-* et finalement *cleddyf*. L'échange des phonèmes *dd* (=*đ*) et *f* (=*v*) par dissimilation est fréquent en gallois moderne. L'irlandais aurait emprunté le mot au brittonique au moment de l'étape **kladib-*. Cet exemple peut montrer combien sont fragiles les prototypes préceltiques qui ne reposent que sur le rapprochement d'un mot brittonique et d'un mot irlandais, à l'exclusion des autres dialectes indo-européens. L'hypothèse d'un emprunt d'un dialecte celtique à l'autre ne peut en pareil cas jamais être exclue.

M. Vendryes montre ensuite que l'alternance des voyelles *e* (ou *i*) et *u* au radical des mots irlandais *telach* « colline » (dat. plur. *tulchaib*), et *dil* « cher » (compar. *diliu*, superl. *dilem*) peut tenir à l'existence d'un *v* après la consonne initiale dans le prototype : *telach* (de **tvel-*) a été rattaché à τύλη, *tumulus*, etc. ; *dil* peut sortir de **dveli-* et être rattaché à lat. *bonus* de **duenos*, macéd. -ζέλᾳ dans ἰζέλᾳ (=ἐν ἀγαθῇ).

Remarque de M. Ernout.

Séance du 7 Décembre 1907.

Présidence de M. Brunot, résident.

Présents : MM. Bauer, Benoist-Lucy, Brunot, Cart, Ernout, Gaudefroy-Demombynes, Gauthiot, Huart, Krebs, Lejay, Meillet, Mélèse, Reby, Sacleux, Thomas, Vendryes.

Excusé : M. Bréal.

Le procès-verbal de la dernière séance est lu et adopté.

Présentations. Sont présentés pour être membres de la Société : M. Streitberg, professeur de grammaire comparée à l'Université de Münster en Westphalie, par MM. Meillet et Gauthiot, et M. Laurent, professeur au Lycée de Guéret, par MM. Brunot et Gauthiot.

Bibliothèque. M. Meillet, secrétaire-adjoint, propose tant en son nom qu'en celui de M. Bréal, secrétaire de la Société, de réduire la Bibliothèque à la collection des publications propres de la Société. Les autres ouvrages, tant reçus jusqu'ici qu'à recevoir par la suite, seraient versés à la Bibliothèque de l'Université de Paris, où ils figureraient comme dons de la Société.

Après échange de vue entre les membres présents la proposition suivante de M. Cart est adoptée à l'unanimité : « La Société autorise son Bureau à traiter avec M. le Conservateur de la Bibliothèque de l'Université pour le transfert de la Bibliothèque de la Société de Linguistique de Paris à la Bibliothèque de l'Université. Elle invite le Bureau à demander en échange à l'Administration que les membres de la Société aient le droit de consulter et d'emprunter des livres dans des conditions à déterminer. »

Commission des finances. MM. Lejay, I. Lévy et Vendryes sont élus pour faire partie de la Commission des finances chargée d'examiner les comptes de l'exercice 1907.

Communications. M. Meillet montre la contradiction qui existe entre les diverses actions du ϝ initial : tout se passe comme si le ϝ initial suffisait à autoriser le maintien d'une brève précédente, mais non la quantité longue d'une longue ou d'une diphtongue. Il tire de là la conclusion que l'action du ϝ est purement traditionnelle et ne résulte pas d'une prononciation réelle du ϝ. Il insiste à ce propos sur le caractère artificiel et traditionnel de la langue épique.

Séance du 21 Décembre 1907.

Présidence de M. Brunot, président.

Présents : MM. Bauer, Benoist-Lucy, Brunot, Cabaton, Ernout, Ferrand, Gaudefroy-Demombynes, Gauthiot, Halévy, Huart, Lacombe, Lejay, Lévy, Meillet, Reby, Sacleux, Sainéan, Thomas, Vendryes.

Assistant étranger : M. Ščerba.

Le procès-verbal de la dernière séance est lu et adopté.

Élections. Sont élus à l'unanimité membres de la Société : MM. Streitberg, professeur à l'Université de Münster, et Laurent, professeur au Lycée de Guéret.

Commission des finances. Le rapport annuel sur la gestion de l'administrateur et du trésorier en 1907 est lu par M. Vendryes. Ce rapport est approuvé à l'unanimité.

Messieurs,

Après examen des comptes de votre trésorier, votre Commission a arrêté les chiffres suivants pour les recettes et les dépenses de la Société du 22 décembre 1906 au 12 décembre 1907.

Recettes :

Report d'exercice	7 399 fr.	34
Cotisations annuelles	2 208	35
Cotisation perpétuelle	200	05
Subvention de l'État	1 000	
Vente de fascicules	230	
Paiement de tirages à part supplémentaires	77	65
Rentes de la Société	1 567	
Intérêts des dépôts	27	20
Total	12 709 fr.	59

Dans cette somme les recettes générales de la Société figurent pour 11 689 fr. 08 et celles de la fondation Bibesco pour 1 020 fr. 51. Celle-ci présentait en effet en 1905 un reliquat de 438 fr. 85 auquel sont venus s'ajouter en 1906 et en 1907 les intérêts normaux de la fondation, soit 290 fr. 83 par an. On voit que la Société pourra décerner un prix de 1 000 francs au début de 1908, sans inconvénient.

Dépenses :

Facture des éditeurs.	4 431 fr.	60
Table du tome XIV.	400	
Frais généraux, service, gratifications.	455	80
Indemnité à l'administrateur.	400	
Frais de banque.	13	90
Achat de 10 fr. de rente 3 pour 100.	264	80
Solde { en caisse.	896	05
Solde { à la Société Générale.	6 147	44
Total égal.	12 709 fr.	59

La plus grosse dépense de la Société est celle qu'entraînent les publications. Cela n'offre rien que de normal. On peut remarquer cependant que le chiffre est plus fort encore cette année que l'année dernière, mais la différence correspond à celle des publications. Si, en effet, le nombre des fascicules édités n'a pas augmenté, leur épaisseur est devenue plus forte et le nombre des feuilles parues est sensiblement plus grand. Il est certain que la Société a atteint la dimension maxima qu'elle peut donner à ses cahiers de Mémoires. Si elle veut continuer sa production régulière et assurer l'équilibre de ses budgets, elle devra même s'efforcer de rester légèrement en deçà des limites atteintes ; en effet, elle va avoir désormais à subvenir aux frais de l'impression de sa *Collection linguistique*.

Le premier volume de cette *Collection* est sous presse, et votre Bureau n'a pas cru pouvoir mieux choisir pour début qu'un ouvrage de votre secrétaire-adjoint, M. A. Meillet.

En somme, la situation de la Société est bonne. Les 6 022 fr. 98 qui lui appartiennent en propre ne sont grevés d'aucune charge spéciale. Seule une petite somme de 55 fr. 20 reste à en distraire pour achat de rentes; car on n'a encore employé à cet effet que 264 fr. 80 sur 320 fr. qui étaient disponibles. Aussi est-il permis d'affirmer qu'avec une gestion prudente, la somme en question permettra à la Société de continuer ses publications et de poursuivre normalement son activité.

Paul Lejay.

I. Lévy.

J. Vendryes.

21 décembre 1907.

Élection du bureau. Le bureau pour l'année 1908 est composé comme il suit :

Président :	M. Sainéan.
Premier vice-président :	M. Cart.
Second vice-président :	M. Finot.
Secrétaire :	M. Bréal.
Secrétaire-adjoint :	M. Meillet.
Administrateur et bibliothécaire :	M. Gauthiot.
Trésorier :	M. Vendryes.

Membres du Comité de publication : MM. d'Arbois de Jubainville, R. Duval, L. Havet, L. Léger, A. Thomas.

Communications. M. Ferrand traite de différents points touchant la phonétique des consonnes initiales en malgache. Des remarques sont présentées par MM. Halévy et Meillet.

M. Thomas montre comment il a retrouvé l'original *posterionem* (qu'il supposait d'après le vieux français *poistron*) dans des gloses. Ce mot est formé au moyen d'un suffixe *-ionem* qui se retrouve dans *renionem, gutturionem, catenionem* ; cependant ces trois formes ne suffisent peut-être pas à légitimer un *posterionem.* L'intervention du terme médical *interionem* a peut-être été plus efficace, car *posterionem* doit être considéré aussi, jusqu'à un certain point, comme un mot savant.

M. Ernout expose comment le mot *alacer* doit être originaire d'un parler des environs de Rome. Par là s'expliquerait en effet la présence d'un *a* en seconde syllabe.

Séance du 18 Janvier 1908.

Présidence de M. Sainéan, président.

Présents : MM. Bauer, Benoist-Lucy, Ernout, Gauthiot, Huart, Lejay, Lévy, Meillet, Reby, Sainéan, Vendryes.

Assistants étrangers : MM. Smirnov, Ščerba.

Le président nouvellement élu, en prenant sa place, remercie ses collègues par les paroles suivantes :

Messieurs et chers Confrères,

Le rôle du Président dans notre Société est purement protocolaire, et ce rôle se trouve encore simplifié grâce à l'activité de notre éminent administrateur, M. Gauthiot. C'est dans ces conditions que j'ai osé accepter une place à laquelle vous avez bien voulu me convier. Je suivais à Paris, il y a une vingtaine d'années, les cours de Bergaigne et de M. Bréal : et, à titre d'auditeur, j'ai assisté alors à quelques séances de la *Société de linguistique,* qui m'ont laissé un souvenir inoubliable. J'étais loin de supposer, à cette époque, que les vicissitudes de ma vie me feront trouver un jour en France une seconde patrie, une patrie intellectuelle, et que je serai appelé à rendre des services à la *Société de linguistique.* Je vous en remercie très sincèrement et vous assure que je serai très heureux de mettre tout le dévouement dont je suis capable au service de notre Société.

Le procès-verbal de la dernière séance est lu et adopté.

Présentation. M. Gulian, professeur à l'Anatolia College, Mersivan (Turquie d'Asie), est présenté pour être membre de la Société par MM. Meillet et Gauthiot.

Il est donné lecture du traité passé entre la Société de linguistique de Paris et la Bibliothèque de l'Université. Ce traité est approuvé à l'unanimité.

Communications. M. Gaudefroy-Demombynes indique un rapprochement possible entre l'évolution de certaines institutions sociales des Arabes et le passage d'un acte rituel à une profession salariée d'une part et la transformation des noms d'agent en noms de métier d'autre part. Il prend comme exemple *ṙāsil* « laveur de mort » issu de *ṙassāl* et *nādibāt* « pleureuses » issu de *naddābāt.* Remarques de MM. Huart et Meillet.

Séance du 1er Février 1908.

Présidence de M. Sainéan, président.

Présents : MM. Bauer, Benoist-Lucy, Cart, Ernout,

Gauthiot, Halévy, Huart, Meillet, Reby, Sainéan, Thomas, Vendryes.

Assistant étranger : M. Ščerba.

Le procès-verbal de la séance précédente est lu et adopté.

Election. M. Gulian, professeur à l'Anatolia College, est élu à l'unanimité.

Communications. M. Vendryes montre que le nombre ancien de *medulla* est le pluriel *medullae,* et que le même mot est usité au même nombre en védique (cf. *majjā-naḥ*) et en lituanien (cf. *smãgenės*).

Remarque de M. Meillet.

M. Meillet rapproche le latin *tum* de l'avestique *təm* et autres formes pareilles.

Le secrétaire-adjoint donne ensuite lecture d'une communication de M. Cuny. Celui-ci montre comment en laconien le θ issu de τ + ʽ est devenu ς, de la même façon que les θ d'origine différente. Il en donne des exemples, tels que κασσέλλα.

Séance du 15 Février 1908.

Présidence de M. Sainéan, président.

Présents : MM. Bauer, Benoist-Lucy, Cabaton, Cart, de Charencey, Ernout, Gaudefroy-Demombynes, Gauthiot, Halévy, Huart, Lejay, Lévy, Meillet, Reby, Sacleux, Sainéan, Vendryes.

Le procès-verbal de la séance précédente est lu et adopté.

Communications. M. de Charencey montre l'origine étrangère d'un certain nombre de mots basques, particulièrement de noms d'animaux.

M. Meillet examine le contraste entre lat. *sisto* et *steti*; le redoublement *-s-* de *sisto* se retrouve en iranien, en grec et en germanique ; il est donc ancien. Mais il est sans doute analogique des cas où l'initiale de la racine est simple comme dans *sīdo*. Le redoublement en *st-* de *steti* se retrouve en gotique et représente sans doute le type ancien, au moins pour les langues occidentales.

M. Halévy montre que les langues sémitiques présentent des changements phonétiques généraux pareils à ceux que l'on rencontre dans d'autres familles linguistiques, en indo-européen par exemple. C'est ainsi que le babylonien oppose des sonores aux sourdes de l'assyrien, à l'intérieur et à la finale ; que $s > h$ à Socotora. Observations de M. de Charencey.

Séance du 7 Mars 1908.

Présidence de M. Sainéan, président.

Présents : MM. Bauer, Benoist-Lucy, Ernout, Gauthiot, Huart, Lejay, Lévy, Marouzeau, Meillet, Reby, Sacleux, Sainéan, Thomas, Vendryes.

Assistant étranger : M. Ščerba.

Le procès-verbal de la séance précédente est lu et adopté.

Présentations. Sont présentés pour faire partie de la Société : MM. Thumb, professeur à l'Université de Marburg, par MM. Meillet et Vendryes, et Millardet, professeur au Lycée de Bordeaux, par MM. Cuny et Meillet.

Communications. M. A. Meillet présente deux observations à propos du dialecte pamphylien :

1° On a remarqué que le digamma avait deux notations à Sillyon, suivant qu'il est sourd ou sonore. La notation qui paraît être celle de la sourde est employée devant toutes les voyelles. La notation de la sonore est employée devant ρ, ce qui coïncide avec la notation βρ du lesbien, et devant οι, ce qui coïncide avec la conservation des effets du digamma devant οι chez Homère ;

2° En pamphylien, comme en crétois, le μ repousse un ρ précédent, d'où métathèse comme dans pamphyl. κεκαρμενος, ou empêchement de métathèse comme dans crét. δρομεων.

Observations de MM. Bauer, Ernout.

M. Vendryes expose les difficultés qu'il y a, à la fois du côté italique et celtique, à l'hypothèse d'un futur en *bh*, commun aux deux idiomes. Remarque de M. Meillet.

M. Thomas cite des exemples de mots où une consonne intervocalique a dissimilé une consonne appuyée, ce qui est inattendu ; ainsi dans prov. *carlamuso* qui correspond à fr. *cornemuse*.

Séance du 21 Mars 1908.

Présidence de M. Huart, président de 1903.

Présents : MM. Bauer, Benoist-Lucy, Cart, de Charencey, Gaudefroy-Demombynes, Gauthiot, Huart, Lacombe, Meillet, Reby, Sacleux, Vendryes.

Le procès-verbal de la séance précédente est lu et adopté.

Elections. MM. Thumb, professeur à l'Université de Marburg et Milliardet, professeur au Lycée de Bordeaux, sont élus à l'unanimité membres de la Société.

Nouvelles. Le secrétaire de la Société communique une circulaire de l'Académie royale des Sciences et des Lettres de Danemark, sur les *Questions mises au Concours pour l'année* 1908. La première question porte sur un sujet de linguistique historique et peut être par conséquent de nature à intéresser certains membres de la Société ; la voici :

Examiner dans une étude d'ensemble, approfondie et critique, les mots empruntés par les idiomes finnois au nordique ou à d'autres idiomes de même famille, en insistant sur les emprunts les plus anciens, et en indiquant leur origine ainsi que les conditions historiques par lesquelles s'explique leur présence.

Le délai expire le 31 octobre 1909. Le prix est la médaille d'or de l'Académie.

Communications. M. Sacleux expose quel est le rôle de la copule en bantou et comment il est suppléé à l'absence du verbe être dans cet emploi dans les différentes langues de la famille. Remarques de MM. Meillet et Huart.

M. de Charencey examine divers mots français dont il s'efforce de retrouver l'étymologie (*gourme, chagrin, chafouin, cafouret*).

L'administrateur donne lecture de deux notes de M. Lamouche sur la phonétique turque. La première concerne les désinences verbales où M. Lamouche reconnaît des pronoms possessifs affixes. La seconde porte sur le vocalisme des éléments suffixaux et ses relations définies et régulières avec le vocalisme du radical. Remarques de M. Huart.

Séance du 4 Avril 1908.

Présidence de M. Sainéan, président.

Présents : MM. Bauer, Benoist-Lucy, de Charencey, Cohen, Ernout, Gauthiot, Huart, Lejay, Lévy, Marouzeau, Meillet, Reby, Roques, Sacleux, Sainéan.

Le procès-verbal de la séance précédente est lu et adopté.

Le secrétaire-adjoint signale le décès de M. Barbier de Meynard, professeur au Collège de France, directeur de l'École des Langues orientales vivantes, et membre de la Société de Linguistique depuis déjà vingt-quatre ans. Il montre quelle perte la Société fait en la personne de M. Barbier de Meynard et exprime tous les regrets qu'elle éprouve.

Communications. M. Marcel Cohen communique à la Société les résultats de son travail sur le langage de Polytechnique. Il montre comment un parler propre à cette École s'est constitué et comment il se perpétue. Il tâche de faire voir quelles sont les sources auxquelles il s'alimente. Des remarques sont faites par MM. Sainéan, de Charencey et Roques.

Ensuite il est donné lecture d'une note de phonétique de M. Laray.

Séance du 2 Mai 1908.

Présidence de M. Sainéan, président.

Présents : MM. Bauer, Cohen, Ernout, Finot, Gaudefroy-Demombynes, Gauthiot, Halévy, Huart, Lévy, Reby, Sacleux, Sainéan.

Le procès-verbal de la séance précédente est lu et adopté.

L'administrateur rend compte tout d'abord des travaux de la sous-section de linguistique au congrès des Sociétés Savantes qui s'est tenu à Paris pendant les congés de Pâques. Il rappelle que l'organisation de cette sous-section est due en grande partie à notre collègue, M. Grammont, professeur à l'Université de Montpellier. La sous-section a d'ailleurs été présidée par un autre de nos confrères, M. Boyer, professeur à l'École des Langues orientales. La Société de Linguistique a été représentée, en outre, par son secrétaire-adjoint, M. A. Meillet, qui bien qu'absent, a tenu à collaborer aux travaux du congrès en y envoyant une note sur la quantité des voyelles *i* et *u*, dont il a été donné communication et par M. Grammont qui a donné lecture d'un mémoire sur « la Dissimilation vocalique dans le parler de la province de Santander ».

Communication. M. Finot communique à la Société le texte d'une inscription en langue inconnue de Pagan (Birmanie). Il montre à quelles observations cette inscription donne lieu au point de vue de l'écriture et de la rédaction.

Séance du 16 Mai 1908.

Présidence de M. Sainéan, président.

Présents : MM. Benoist-Lucy, de Charencey, Ernout, Gaudefroy-Demombynes, Gauthiot, Lejay, Meillet, Roques, Sacleux, Sainéan.

Le procès-verbal de la séance précédente est lu et adopté.

Présentation. MM. Meillet et Cuny présentent pour être membre de la Société M. Šč̌erba.

Nouvelles. M. P. Boyer, membre de la Société ayant été nommé administrateur de l'École spéciale des Langues orientales vivantes, M. A. Meillet fait part de cette nouvelle à la Société et rappelle brièvement les titres exceptionnels de notre confrère.

Communications. M. Meillet discute le prétérito-présent gotique *lais* et s'efforce de montrer qu'il est de création proprement germanique, et non ancien comme *wait,* qui paraît lui avoir servi de modèle. Il indique, à ce propos, que les prétérito-présents apparaissent dans les cas où le germanique n'héritait pas d'un présent radical thématique, ainsi got. *man,* en regard de skr. *mányate,* etc.

Remarque de M. Gauthiot.

M. de Charencey présente diverses étymologies françaises, par exemple celles de m. fr. *angouria* et de fr. *charivari.*

Lecture est donnée par le secrétaire-adjoint d'une note de M. Adjarian sur des faits de dialectologie arménienne.

Enfin l'administrateur lit quelques notes d'étymologie arméniennes, dues à M. de Patrubány.

Séance du 30 Mai 1908.

Présidence de M. Sainéan, président.

Présents : MM. Bauer, Benoist-Lucy, M. Cohen, de Charencey, Gaudefroy-Demombynes, van Gennep, Huart, Lacombe, I. Lévy, Marouzeau, Mazon, Meillet, Reby, Roques, Sacleux.

Assistant étranger : M. Loutfi.

Le procès-verbal de la précédente séance est lu et adopté.

Election. M. Ščerba, 21 rue des Fossés-Saint-Jacques, est élu membre de la Société.

Communications. M. Marouzeau montre quelle différence de sens on observe en latin entre *bonus est* et *est bonus*. Le verbe n'est proprement copule que dans l'ordre *bonus est,* et alors il est enclitique sur le prédicat, jamais sur le sujet.

M. van Gennep examine la question des langues spéciales. Chaque société comporte des groupements spéciaux ; entre autres caractéristiques, chacun de ces groupements particuliers tend à se différencier des autres par des manières spéciales de parler. Il y a une langue spéciale pour les choses sacrées. Les langues varient suivant l'âge, le sexe, la profession. Le langage des enfants est particulièrement remarquable. Il ne s'agit pas là d'un simple jeu, mais d'un fait social fondamental.

Séance du 13 Juin 1908.

Présidence de M. Paul Lejay, président de 1898 et Th. Cart, premier vice-président.

Présents : MM. Anglade, Bauer, Benoist-Lucy, Cart, Ernout, Gauthiot, Lacombe, Lejay, Marouzeau, Meillet, Reby, Roques, Sacleux, Ščerba.

Le procès-verbal de la séance précédente est lu et adopté.

Nouvelles. Le secrétaire-adjoint fait part à la Société du décès de M. P. Boissier, de l'Académie française et de l'Académie des inscriptions et belles-lettres, membre de la Société depuis près de quarante ans. Il exprime, à ce propos, tous les regrets que cause à la Société la perte d'un si ancien et si fidèle collaborateur. M. l'abbé Lejay s'associe à l'expression de ces regrets.

Communications. M. A. Meillet étudie certains mots de civilisation communs au grec et au latin, comme par exemple ὑάκινθος et *uaccīnium*, et propose d'y voir des emprunts indépendants à une langue méditerranéenne inconnue.

M. Śčerba étudie la semi-occlusive *c* et s'efforce de montrer comment ce phonème qui est composé, si on l'analyse au point de vue phonétique, est simple au point de vue psychologique.

M. Meillet examine la quantité de la voyelle longue dans certaines formes de l'article et du relatif grec, d'après l'inscription des Labyades principalement. Cette quantité paraît être quelque chose d'intermédiaire entre la brève et la longue.

Cette séance étant la dernière avant les vacances, le procès-verbal est immédiatement lu et adopté.

MÉLANGES LINGUISTIQUES

OFFERTS A M. F. DE SAUSSURE

Les *Mélanges linguistiques* dus à un groupe d'élèves directs ou indirects de M. F. de Saussure, auxquels se sont joints quelques linguistes suisses éminents, ont été présentés à notre illustre confrère le 14 juillet dernier. Ce recueil, de quinze articles d'étendues diverses, forme, on le sait, le 2ᵉ volume de la nouvelle *Collection linguistique* de la Société. La Société a pu ainsi exprimer à son ancien secrétaire-adjoint (1881-1891) la reconnaissance qu'elle lui doit non seulement pour les services qu'il lui a rendus comme secrétaire, mais aussi pour l'impulsion qu'il a donnée aux études linguistiques en France. La remise du volume a eu lieu dans l'intimité, à l'Université de Genève. Deux de nos confrères, M. A. Meillet, secrétaire-adjoint de la Société, et M. Bally ont dit brièvement ce que ses disciples et ce que tous les linguistes doivent à M. F. de Saussure ; il a été lu ensuite une lettre de M. Michel Bréal louant M. F. de Saussure de la fécondité de son enseignement.

OUVRAGES OFFERTS A LA SOCIÉTÉ

Séance du 23 novembre 1907.

J. Baudouin de Courtenay. *Znaczenie języka jako przedmiotu nauki szkolnej* (Traduit du russe dans *Russkaja škola,* Saint-Pétersbourg, 1906, n° 7-8). — In-8, 12 p.

R. Brandstetter. *Die Wuotansage im alten Luzern* (Separatabdr. aus d. *Geschichtsfreund* bd. LXII). — Stans, 1907, in-8, 60 p.

J.-M. Dihigo. *Reparos etimologicos al Diccionario de la Academia Española: Voces derivadas del Griego* (suite). — La Habana, 1907, in-8, pp. 69 à 84.

K. Narbeshuber. — *Aus dem Leben der arabischen Bevölkerung in Sfax ; mit einem Beitr. von Prof. H. Stumme* (Veröffentlichungen des städt. Museums f. Völkerkunde, heft 2). — Leipzig, 1907, Voigtländers Verlag, in-4, 44. p.

H. Schück. *Studier i Ynfingatal.* — Uppsala, 1905-6, Academiska Boktryckeriet, in-8, 90 p.

Göteborgs Högskolas Arsskrift, vol. XII. — Göteborg, 1907, Wettergren ok Kerber, in-8.

Annales du Musée Guimet (Bibliothèque de Vulgarisation, t. 22, 25, 26, 27). — Paris, 1907, E. Leroux, in-8.

Revista de la Facultad de Letras y Ciencias de l'Université de la Havane, t. IV, fasc. 3 et t. V, fasc. 1. — La Havane, 1907.

Journal Asiatique, 10e série, t. IX, n° 2 ; t. X, n° 1. — Paris, 1907.

Zivaja Starina, année XVI fasc. 1, 2. — Saint-Pétersbourg, 1907.

Séance du 18 janvier 1908.

De Charencey. *Choix d'Étymologies françaises et argotiques* (Extrait du Bulletin de la Société historique et archéologique de l'Orne). — Alençon, 1907, in-4, 14 p.

Séance du 15 février 1908.

J.-M. Meunier. *L'emplacement de Noviodunum Aeduorum de César et le nom de Nevers* (Extrait de la Revue du Nivernais). — Nevers, 1907, in-8 32 p.

Séance du 21 mars 1908.

P.-S. Lilla. *Dictionnaire italien-bulgare-français*, 2e partie (Actes de la Société Philologique, t. 31). — Paris, 1907, in-8, 559 p.

P.-P. Costal. *Dictionnaire français-banda et banda-français.* — Brazzaville, 1907, in-16, L + 60 p.

Elolambe ya Kamerun (Le Soleil de Kamerun, fasc. 2). — Hamburg, 1908, in-4.

Séance du 4 avril 1908.

G.-M. Stenz. *Beiträge zur Volkskunde Süd-Schantungs* hg. u. eingeleit. von A. Conrady (Veröffentlich. d. städt. Mus. f. Volksk. zu Leipzig; h. I). — Leipzig, 1907, in-4, 116 p.

Séance du 2 mai 1908.

Revista de la Facultad de Letras y Ciencias de l'Université de la Havane, t. V, fasc. 2 et 3. — La Havane, 1908.

Zeitschrift für vergleichende Sprachforschung, neue Folge, vereinigt mit den Beiträgen zur Kunde der indogermanischen Sprachen, t. 41, fasc. 1, 2, 3, 4. — Gœttingue, Vandenhoeck u. Ruprecht, 1907.

Zivaja Starina, année XVI, fasc. 4. — Saint-Pétersbourg, 1908.

Journal Asiatique. — Paris, 1908.

Séance du 16 mai 1908.

Revista de la Facultad de Letras y Ciencias de l'Université de la Havane, t. VI, fasc. 1. — La Havane, 1908.

Zeitschrift für vergleichende Sprachforschung, t. 42, fasc. 1. — Gœttingue, Vandenhoeck u. Ruprecht, 1908.

Séance du 30 mai 1908.

R. Brandstetter. *Mata-Hari od. Wanderungen eines indonesisch. Sprachforsch. durch die drei Reiche d. Natur.* — Luzern, 1908, E. Haag, in-8, 55 p.

J.-M. Dihigo. *Reparos etimologicos al Diccionario de la Academia Española:* Voces derivadas del Griego (suite). — La Habana, 1908, in-8, pp. 85 à 97.

J.-M. Dihigo. *El prof. Graziadio I. Ascoli* (Extrait de la Revista de la Facultad de Letras y Ciencias). — La Habana, 1908, in-8, 23 p.

Zivaja Starina, année XVII, fasc. 1. — Saint-Pétersbourg, 1908.

Séance du 13 juin 1908.

S. Lévi. *Le Népal*, vol. III (Annales du Musée Guimet, bibl. d'Études). — Paris, Leroux, 1908.

Ed. Mahler. *Études sur le Calendrier Égyptien*, trad. Al. Moret (Annales du Musée Guimet, bibl. d'Études). — Paris, Leroux, 1907.

PUBLICATIONS DE LA SOCIÉTÉ DE LINGUISTIQUE
JUSQU'AU 2 NOVEMBRE 1907

Conditions de vente particulières aux Membres de la Société.

Collection complète des *Mémoires* (tomes I et XIV complets; tome XV, fasc. 1 à 3). . . . . **235 fr.**
Volumes isolés : tome I. . . . . **12 fr.**
— tomes II, III, IV, V, VI, chacun. . . . . . **15 fr.**
— tome VII. . . . . **12 fr.**
— tomes VIII et suivants. . . . . **18 fr.**
Fascicules isolés : chacun. . . . . **3 fr.**
Table analytique des dix premiers volumes des Mémoires. . . . . **9 fr.**

Les numéros du *Bulletin*, dont il reste un nombre suffisant d'exemplaires, à savoir les tomes VI à XII complets, et les numéros dépareillés des tomes I à V, sont mis *gratuitement* à la disposition des membres de la Société.

Les premiers tomes du *Bulletin*, dont il ne reste plus qu'un très petit nombre d'exemplaires complets, peuvent être acquis, sans les volumes correspondants des *Mémoires*, au prix de **10** francs chacun.

N.-B. — Le 1er no du tome I du *Bulletin* commence avec la page XXI des procès-verbaux des séances. Les pages I-VIII, IX-XX sont brochées avec les fascicules 1 et 2 du tome I des *Memoires*, et ne peuvent en être séparées.

Les commandes, accompagnées de leur montant, doivent être adressées à l'Administrateur. Le port est gratuit.

De plus, la librairie Champion publie, sous les auspices de la Société, une *Collection Linguistique* ; les membres ont le droit d'acheter, *avec réduction de 50 %* chacun, un exemplaire unique de chaque volume de la Collection.

On est prié de s'adresser directement à M. Champion, éditeur, 5, quai Malaquais, Paris.

Ont déjà paru : *Les Dialectes Indo-européens*, par A. Meillet, prix réduit **2 fr. 25**.

Mélanges Linguistiques, offerts à M. F. de Saussure; prix réduit **5 fr. 25**.

Un 3e volume est sous presse, et sa mise en vente sera annoncée par un avis spécial.

COMPTES RENDUS CRITIQUES

Jac. van Ginneken. — *Principes de linguistique psychologique*. Essai de synthèse. Paris, 1907, in-8, VIII, 552 p.

Cet ouvrage, qui est la traduction française, revue par l'auteur et entièrement revisée pour le fond, d'un texte hollandais précédemment paru, résume le plus vigoureux effort fait depuis la *Sprache* de M. Wundt pour unir la linguistique et la psychologie. Il n'y a guère de question de linguistique générale qui n'y soit abordée en quelque mesure et sur laquelle l'auteur n'indique des vues accompagnées d'exemples précis. L'ouvrage est de ceux que l'on ne pourra se dispenser d'étudier et vis-à-vis desquels il faudra prendre position. Car l'auteur est bien informé à la fois en psychologie et en linguistique, et sa pensée est personnelle. Entre beaucoup de choses qui solliciteront l'attention du lecteur, on en voudrait signaler deux qui sont particulièrement importantes et originales.

Tout d'abord la théorie des adhésions. Il n'y a pas dans notre conscience seulement des perceptions et des représentations, mais aussi un acte de notre personnalité (ceci abstraction faite de toute vue métaphysique) par lequel nous *adhérons* à notre connaissance sensitive, suivant l'expression de M. van Ginneken. Et, par suite, les faits linguistiques n'expriment pas seulement des perceptions et des représentations, mais aussi et même surtout des *adhésions*. Suivant que nous adhérons à une perception qui en éveille d'autres en se fondant avec elle ou à une perception qui n'est pas sciemment assimilée à une perception antérieure, l'adhésion est relative ou absolue. Les substantifs expriment en général les adhésions relatives et les verbes les adhésions absolues. Tout cet exposé de M. v. G. éclaire un grand nombre de faits grammaticaux et apporte un progrès essentiel en linguistique.

Dans le chapitre intitulé *Principes généraux de phonétique historique,* M. v. G. essaie de ramener tous les types d'évolution phonétique, en matière de hauteur, d'intensité, de durée, de timbre et d'articulation, à quatre principes psychologiques fondamentaux : automatisme, inertie, rythme et association. Il appartient aux psychologues de déterminer si l'auteur a fait de ces principes une application correcte et s'ils sont les seuls en jeu. Mais les faits psychiques dont use M. v. G. sont bien établis, et ils contribuent beaucoup à expliquer les faits auxquels il les applique. L'auteur sait tirer un excellent parti de faits linguistiques très variés ; sa lecture est très étendue, et il sait grouper ensemble des faits au premier abord disparates. Il prend de toutes mains les faits qu'il met en œuvre, et souvent son exposé instruira, même au point de vue technique, le linguiste professionnel. Ce qu'il dit par exemple du rythme quantitatif est ou ignoré ou perdu de vue de la plupart des linguistes. Et sa critique est souvent judicieuse. M. v. G. me reproche par exemple, p. 371, d'avoir cru nécessaire d'admettre un accent d'intensité lié à la quantité ; il ne voit pas la nécessité de cette conclusion : je suis heureux de voir que cette critique concorde exactement avec ce que j'ai constaté moi-même depuis, et je m'exprime exactement dans le même sens, 1re édit. p. 115, et 2e édit. p. 117.

Le livre, plein de feu et riche d'idées, du savant jésuite hollandais est donc très intéressant. Il n'est malheureusement pas très agréable à lire. La traduction est presque partout très gauche, trop familière ou incorrecte, et de plus semée de fautes d'impression. Il y a même des phrases inintelligibles, ainsi p. 12 la phrase finale du § 18. Et, bien que l'auteur ait beaucoup fait pour se bien renseigner et que son érudition soit grande, il se trompe assez souvent dans le détail. Ainsi, p. 403, M. v. G.

parle d'une dissimilation de *tl*, *tr* en *kl*, *kr* en latin, lituanien, slave, etc.; or *tr* ne devient *kr* dans aucune de ces trois langues, et le fait semble très rare en général; et *tl* ne devient pas *kl* en slave. P. 213, l'auteur oublie que le σ initial du gr. σύ, σέ ne repose pas sur un ancien **s*, mais sur **t*. Les lapsus de ce genre ne sont pas rares dans l'ouvrage, mais ils sont de peu d'importance, car ils ne vicient pas les démonstrations, et ils font seulement que les personnes non compétentes ne pourront sans vérification reproduire les faits avancés par M. v. G. Ce qui est plus grave, c'est que beaucoup des faits allégués sont trop peu analysés, et acceptés comme probants sans un examen assez attentif; ainsi p. 135, M. v. G. parle de la particule indo-européenne représentée par skr. *ca*, gr. τε, lat. *que*, got. *-h*, qui serait « identique au pronom interrogatif ou relatif »; la phrase est bizarre, et surtout l'idée que le thème du lat. *quis* aurait été à l'origine relatif est inexacte: ce n'est que dans le développement propre de certaines langues indo-européennes que ce thème a pris le rôle de relatif. — Enfin, et ceci est plus fâcheux encore, M. v. G. est très préoccupé d'expliquer par des principes absolus les difficultés qui subsistent en grammaire comparée. Il illustre ainsi ses théories psychologiques au moyen d'exemples entièrement hypothétiques, dont il ne se dissimule pas à lui-même l'arbitraire. Ce qui est dit de la loi de Brugmann, p. 399 et suiv., n'est pas de nature à inspirer confiance dans les théories de l'auteur: il invoque des faits rythmiques (et peut-être bien avec raison), mais ces faits de rythmique temporelle n'ont rien à faire dans le chapitre où est discutée la loi de Brugmann; il invoque aussi, après plusieurs autres, le svarita sanskrit; mais pourquoi le svarita ferait-il allonger un *a* issu de *o*, tandis qu'il laisserait bref un *a* issu de *e*? Ce qu'il faut expliquer, c'est qu'un ancien *o* est traité autrement qu'un ancien *e*, non pas en vertu de conditions de rythme quantitatif ou de ton, mais en vertu du timbre; pourquoi l'on a skr. *vṛṣaṇam* (cf. gr. ἄρσενα), mais *áçmānam* (cf. gr. ἄκμονα); c'est ce que son explication ne fournit à aucun degré.

On lira donc l'ouvrage de M. v. G. avec critique, mais on devra le lire, et l'on n'en étudiera aucun chapitre sans avoir pénétré mieux dans les faits linguistiques.

A. Meillet.

Albert Sechehaye. — *Programme et méthodes de la psychologie du langage*. Psychologie du langage. Paris, Leipzig et Genève, 1908, xix-267 p.

Il n'y a pas de science qui soit demeurée plus empirique que la linguistique. Aussi longtemps qu'on se borne à de simples descriptions grammaticales et à la comparaison terme à terme des éléments de deux phonétismes ou de deux grammaires, on peut se faire illusion sur les inconvénients de cet empirisme. Mais, dès qu'on aborde des problèmes plus compliqués et plus délicats et qu'on se pose le problème des causes, l'impossibilité de rien démontrer sans avoir posé une doctrine générale se révèle à tout esprit méthodique. Psychologue et linguiste très averti, élève à la fois de M. Naville et de M. F. de Saussure, M. Séchehaye s'est attaqué à des problèmes d'évolution de la syntaxe, et il s'est aperçu que, avec la méthode actuellement en usage, on ne pouvait que tâtonner en pareille matière. Il a été ainsi amené à se poser dans son ensemble toute la question de la linguistique théorique. On sait d'ailleurs que cette question préoccupe vivement le maître auquel l'ouvrage est dédié, M. F. de Saussure.

Sans être encombré de faits, dans sa nudité, le livre de M. S. montre partout l'homme qui connaît la linguistique, qui a réfléchi sur tous les problèmes, et l'effort de M. S. ne pourra désormais être ignoré d'aucun de ceux qui s'intéressent à la linguistique théorique. Il n'est pas une page du livre qui n'invite à la réflexion et qui, à l'examen, n'apparaisse judicieuse; il n'en est pas une où, sous la généralité de l'expression, on n'aperçoive des idées précises. Et les problèmes sont posés d'une manière rigoureuse qui suffit à en avancer la solution.

M. S. aboutit à diviser la linguistique en deux disciplines: une linguistique statique et une linguistique évolutive. Et il n'est pas douteux, en effet, qu'il est nécessaire de poser, d'une part, les conditions générales d'équilibre des langues et, de l'autre, les lois de leurs changements. Mais il n'est sans doute pas facile de séparer les deux disciplines autant que M. S. paraît le souhaiter, et le livre même de l'auteur le montre. Si peu qu'il dise du plan de sa « morphologie statique », il est amené à faire allusion à plusieurs reprises à des faits d'évolution ; et il admet que cette partie de la science serait purement déductive. En effet, on n'observe jamais une langue à l'état fixe ; par le fait même qu'elle est parlée, et en vertu des conditions d'existence du langage, toute langue évolue constamment ; une linguistique statique ne peut donc résulter de l'observation. C'est avec une vive curiosité qu'on attendra la « morphologie statique » de M. S. ; il sera intéressant de voir l'auteur la constituer et, une fois créée, de savoir si l'on pourra la discuter et la développer.

D'un autre côté, tout en faisant allusion à la collectivité qui parle une langue donnée, M. S., comme tous les psychologues, envisage surtout la psychologie individuelle et ne voit dans les faits collectifs qu'une réaction de certains faits sur les individus. Or le fait collectif est précisément celui qui domine toute la linguistique. La théorie de M. S. est trop individualiste. L'innovation spontanée semble bien être, dès son principe et non par imitation, un fait collectif. Et, quant aux faits d'imitation, c'est dans la situation sociale des sujets parlants qu'ils trouvent leur explication première.

Mais les observations de M. S. présentent partout un vif intérêt. En voici un exemple, choisi entre beaucoup. P. 183, on lit une distinction précise entre les transformations phonétiques brusques et les transformations lentes, les unes ne changeant rien au système phonologique reçu, les autres transformant ce système ; cette remarque, qui concorde exactement avec la théorie de M. Grammont sur la dissimilation, est très remarquable, et l'on en devra tenir grand compte dans toute théorie phonétique.

A. Meillet.

J. Baudouin de Courtenay. — *Zur Kritik der künstlichen Weltsprachen* (extrait des *Annalen der Naturphilosophie,* VI, 385-433).

Notre éminent confrère, M. Baudouin de Courtenay, a envoyé à la Société un exemplaire de l'article où il répond à la critique de l'espéranto publiée par MM. Brugmann et Leskien. Ce n'est pas ici la place de discuter la question des langues artificielles. Mais il est impossible de ne pas marquer le profit que la linguistique a retiré de cette discussion. M. B. de C. a pu écrire : « La langue n'est ni un organisme en soi, ni une idole, mais un outil et une activité. Et l'homme n'a pas seulement le droit, il a le devoir social d'améliorer ses outils, ou, au besoin, de remplacer les outils existants par d'autres meilleurs. » Et il n'est pas indifférent que des linguistes tels que MM. Brugmann et Leskien n'aient pas contesté au fond la justesse de cette déclaration dans la réponse qu'ils ont faite à M. B. de C. (I. F., XXII, 365-396). L'action directe et consciente de l'homme et de la société sur la langue est maintenant un fait incontesté.

Il va de soi que l'espéranto n'est pas une solution définitive. Une délégation particulièrement compétente a proposé récemment une réforme qui semble très heureuse. MM. Couturat et de Beaufront ont entrepris une campagne active pour faire prévaloir leurs vues. Ils ont constitué une grammaire qui, conservant ce qu'il y a de bon dans l'espéranto, en a fait disparaître les parties les plus critiquables. Ils ont publié un dictionnaire, précédé d'une remarquable préface de M. Jespersen ; le caractère international du vocabulaire est devenu beaucoup plus grand, et le progrès réalisé dans la formation des mots en permet une utilisation meilleure et plus scientifique. Une revue, *Progreso,* qui paraît à Paris, chez le même éditeur que les ouvrages précédents (Delagrave), et en est à son 6e numéro, montre l'application des nouveaux principes et les défend. Les critiques dirigées contre l'espéranto ne portent plus pour la plupart contre la *Linguo internaciona,* dont l'intérêt linguistique est grand du fait même de son internationalisme systématique.

A. Meillet.

G. Panconcelli-Calzia. — *Bibliographia phonetica*; extraits de la *Medizinische pädagogische Monatsschrift für die gesamte Sprachheilkunde,* 1906-1908.

M. Panconcelli-Calzia s'est donné pour tâche de signaler et d'apprécier brièvement tous les travaux relatifs à la phonétique générale qui parviennent à sa connaissance. A qui sait combien ces publications sont dispersées et malaisées à réunir, il est inutile de dire quel service rend M. Panconcelli-Calzia. Sans doute, comme l'indique M. P., la plupart des articles en question se répètent ou répètent des choses connues, et ce n'est pas un des moindres mérites de la publication de M. P. que de mettre en évidence cette monotonie et de marquer, avec compétence, quels sont les travaux originaux et intéressants. On facilitera le travail, très utile à tout le monde, de M. Panconcelli-Calzia, en lui adressant tous les articles relatifs à la phonétique générale, *Phonetisches Kabinet der Universität Marburg.*

A. Meillet

Glotta. — Zeitschrift für griechische und lateinische Sprache, herausgegeben von Paul Kretschmer und Franz Skutsch. I Bd, 1-3 Heft. Göttingen, 1907-1908.

Le nom des deux directeurs de ce nouveau périodique

équivaut à un programme : l'un helléniste, l'autre latiniste, mais tous deux profondément philologues, et même M. Skutsch s'étant fait connaître jusqu'ici bien plus comme philologue que comme linguiste. La limitation du domaine de la revue au grec et au latin montre du reste ce souci de mettre au premier plan le côté philologique de la recherche. Le programme de *Glotta* est du reste très vaste : il embrasse tout l'ensemble du grec jusque et y compris la période moderne. Les trois premiers fascicules, qui comprennent à peu près la totalité du premier volume (le quatrième devant être consacré à des comptes rendus), donnent une idée très heureuse de ce que sera le recueil. Ils renferment des articles des éditeurs, et, en outre, de Buecheler, et de MM. Sommer, Bechtel, Solmsen, Vollmer, Hatzidakis, Buck, Thurneysen, Fraenkel, etc. Les questions abordées sont extrêmement variées. Le grec moderne est encore un peu négligé, et l'étude des langues littéraires n'apparaît pas autant qu'on l'attendait dans une revue de ce genre. Mais, si le niveau scientifique des articles reste ce qu'il est dans ce premier volume, *Glotta* sera une revue d'une rare valeur.

A. Meillet.

Revue des études ethnographiques et sociologiques, publiée sous la direction de Arnold van Gennep. Paris (Geuthner), 1908.

Cette nouvelle revue, qui paraît sous l'active direction de notre confrère A. van Gennep, embrasse un domaine très vaste : à la fois théorie et description de tout ce qui concerne la vie de l'homme en société. Elle intéresse le linguiste, non seulement par les articles proprement linguistiques qu'elle publie (le fascicule 3 contient une curieuse étude de M. Gaudefroy-Demombynes sur des noms de métier en arabe), mais aussi par les renseignements de toute sorte qu'on y trouvera sur les usages qui éclairent indirectement les faits linguistiques. Si, comme je le crois, la linguistique est essentiellement une science sociale, une revue où elle est étudiée dans ses rapports avec les autres faits sociaux doit efficacement contribuer à ses progrès. De plus, une bibliographie très actuelle et de nombreuses notices sur des travaux récents tiendront les lecteurs au courant d'une foule de faits qui intéressent de près ou de loin le développement des langues. Il est à souhaiter que la revue de M. van Gennep soit encouragée et rencontre les appuis que mérite le courage de son directeur et de son éditeur.

A. Meillet.

K. Brugmann und B. Delbrück. — *Grundriss der vergleichenden Grammatik der indogermanischen Sprachen*, II^ter^ Band, I^ter^ Teil, von K. Brugmann, zweite Bearbeitung. Strassburg, 1906, in-8, 688 p.

On ne sait ce qu'il faut le plus admirer aujourd'hui chez M. Karl Brugmann, du soin patient qu'il met à se tenir au courant des idées nouvelles ou du talent avec lequel il sait y adapter ses anciennes théories. La deuxième édition du premier volume de son *Grundriss*, consacré à la phonétique, témoignait hautement de ce double mérite ; celle du deuxième volume, où il traite de la morphologie, le fait éclater encore davantage. Il n'y est presque rien resté de l'édition précédente, sinon l'ordre lumineux des matières et la fermeté de l'exposition. Mais tout le fond a subi un complet remaniement. Aucune partie de la linguistique, il est vrai, ne se transforme davantage à l'heure actuelle. Plus même que la phonétique, qui en évoluant comme science expérimentale s'est peu à peu éloignée de la linguistique historique, la morphologie, sans quitter le terrain de l'histoire, s'est renouvelée dans ses principes et dans sa méthode. Du jour où l'on a reconnu l'importance psychique du mot, d'une part l'analyse des sons qui le constituent n'a plus présenté un intérêt primordial, et la morphologie s'est rendue indépendante de la pure phonétique ; d'autre part il a paru impossible de séparer le mot de l'idée représentée par lui, et la sémantique s'est introduite dans la morphologie. La vieille distinction des racines et des suffixes, avec le principe d'analyse qui en résultait, conservait un caractère abstrait, qui répugne au besoin de réalité dont les linguistiques actuels sont pénétrés. Ce qu'il y avait de formel et d'extérieur dans l'ancienne théorie qui opposait le thème au suffixe ou à la désinence disparaît dans une conception nouvelle où les éléments de formation sont considérés autant et plus dans leur valeur sémantique que dans leur composition phonétique. Tels sont les principes sur lesquels repose cette deuxième édition de la morphologie. L'auteur les expose dans une première partie (pp. 1-43) où il analyse très finement la structure générale des mots et les principes de leur formation. Il lui a fallu trouver un terme générique pour désigner les éléments morphologiques qui s'ajoutent au thème et qui dans l'ancienne nomenclature portaient les noms variés d'affixes, infixes ou suffixes ; il propose celui de « Formans », pour lequel M. Meillet, après M. Baudouin de Courtenay, a donné la traduction française de « morphème ». Le morphème est naturellement différent du déterminant, qui n'exprime pas une catégorie morphologique définie par le sens : *-s-* est un morphème dans skr. *çráva-s-*, gr. κλέε-ς, mais un déterminant dans skr. *taṃ-s-ati*, got. *atþin-s-an*, ou dans skr. *ruk-ṣ-ás*. Il lui a fallu aussi distinguer soigneusement la *base* de la *racine* ; les deux mots désignent deux objets différents. La racine n'est qu'une abstraction ; la base est un élément concret qui possède une unité au point de vue des alternances vocaliques, qui est en d'autres termes représentatif d'une série d'alternances : ainsi **genē-* est une base de racine, **-tere-* une base de suffixe. L'énumération des catégories de dérivation, qui occupe la presque totalité du livre, s'inspire sans cesse aussi d'une nouvelle méthode ; l'auteur n'oublie jamais la valeur sémantique des éléments de formation, et la classification qu'il en donne est d'autant plus instructive que l'on peut suivre dans les diverses langues l'évolution du sens primitif. Dans le détail, cela va sans dire, l'ouvrage reste le répertoire impeccable dont l'éloge n'est plus à faire ; et ce n'est pas le lieu d'entreprendre une analyse même sommaire du matériel qu'il fournit si abondamment. Il importait seulement de faire ressortir les mérites nouveaux de ce magistral ouvrage, qui ne se contente pas d'être un incomparable instrument de travail, mais qui encore, dans ses transformations, reflète l'évolution même de la science.

J. VENDRYES.

A. MEILLET. — *Introduction à l'étude comparative des langues indo-européennes,* 2e édition. Paris, Hachette, 1908, 10 fr.

Le bulletin bibliographique de la Société de Linguistique est né trop tard pour pouvoir rendre compte de la première édition de ce bel ouvrage, qui date pourtant de cinq ans à peine. Il ne peut qu'en enregistrer le rapide et brillant succès et qu'en saluer la seconde édition, corrigée et augmentée par l'auteur.

On connaît l'originalité du livre ; elle se manifeste à la fois dans l'idée générale qui en fait le fond et dans la répartition de la matière en chapitres. Il ne s'agit pas de fournir à l'apprenti linguiste un répertoire de faits plus ou moins riche, un manuel fournissant sur chaque question de détail les éléments pour la résoudre ; il s'agit d'exposer dans ses grandes lignes la structure de l'indo-européen, d'en marquer les traits originaux et essentiels. Le livre doit être lu tout d'une haleine, comme il a été écrit ; c'est l'œuvre d'un puissant esprit qui a tout repensé, tout reconstruit, tout ramené à un corps de doctrine rigoureusement enchaîné. Il est systématique d'un bout à l'autre ; et cependant l'esprit de système, avec son habituelle tendance à l'apriorisme, en est absent. L'auteur a évité ce défaut grâce d'abord à une information dont l'étendue et la précision tiennent du prodige, grâce aussi à une prudence rare unie au sentiment constant de la réalité. Le lecteur est partout sur un terrain solide ; les idées ne sont presque que des formules de faits ; des problèmes les plus complexes, les solutions apparaissent naturelles, élégantes, définitives, parce qu'elles jaillissent de l'exposé sincère et complet des faits eux-mêmes ; et de cet ensemble de concordances, minutieusement relevées, se dégage en pleine lumière le portrait de la langue préhistorique, dont les langues indo-européennes sont issues.

La seconde édition n'a rien changé aux grandes lignes de l'ouvrage ; mais le détail a été considérablement modifié. Nombre de traits nouveaux ont été ajoutés, résultat des réflexions personnelles de l'auteur ou des découvertes d'autrui. Le chapitre unique de la morphologie, trop compact dans la première édition, a fait place à trois chapitres différents, consacrés aux Principes de la morphologie, au Verbe et au Nom. Enfin un nouveau chapitre a été ajouté, sur les Dialectes indo-européens ; c'est un des plus originaux de l'ouvrage. L'auteur y résume sa conception personnelle du développement dialectal de l'indo-européen, telle qu'il l'a depuis et tout récemment développée dans un ouvrage spécial, qui inaugure la collection linguistique de la Société.

J. Vendryes.

A. Meillet. — *Les dialectes indo-européens.* Paris, 1908. Collection de la Société de linguistique, n° I (Champion, éditeur), in-8.

La notion de dialectes indo-européens n'est pas nouvelle ; la ligne des gutturales notamment avait déjà conduit à établir une distinction dialectale à l'intérieur de l'indo-européen, et à poser deux grands groupes, oriental et occidental. D'un autre côté des communautés phonétiques, morphologiques, lexicographiques ont fait conclure à une parenté plus étroite entre certaines langues de la famille indo-européenne, et à poser l'hypothèse des groupements indo-iranien, balto-slave, italo-celtique.

Il y a grand intérêt à poursuivre et à compléter les recherches de ce genre. Elles substituent à la notion abstraite et schématique d'indo-européen commun, la représentation d'une langue réelle et parlée, déjà différenciée avant la séparation des peuples qui la répandirent ; en outre, et c'est là le plus important, elles contribuent à établir une chronologie linguistique, en distinguant les faits anciens de ceux qui sont survenus au cours de l'évolution d'un groupe ou d'une langue donnés ; enfin la détermination des formes particulières de l'indo-européen permet de savoir sur quel dialecte repose chaque langue de la famille, et par conséquent quel est le point de départ de son développement ultérieur.

Pour faire aboutir cette étude, M. Meillet a examiné d'abord les communautés de vocabulaire, peu probantes en général, et qui témoignent plutôt d'un développement de civilisation commun que d'une parenté linguistique. Il a exposé et critiqué ensuite les faits sur lesquels repose l'hypothèse des communautés indo-iranienne, balto-slave, italo-celtique. Enfin il a déterminé les différentes lignes d'isoglosses phonétiques et morphologiques qui traversent le domaine indo-européen. Beaucoup des faits invoqués sont connus, et l'auteur ne les utilise que parce qu'ils sont indispensables à la solution du problème ; néanmoins certains chapitres éclairent des points encore obscurs de la grammaire des langues indo-européennes : traitement de *ə*, de *s*, du groupe **-wy-*, des sourdes aspirées. Plus d'un linguiste glanera des détails intéressants dans cet ouvrage qui vaut surtout par l'ensemble des résultats acquis.

Quant aux conclusions, elles sont capitales. Elles mettent d'abord en pleine lumière l'existence d'un groupe oriental défini, 1° par la grande ligne des gutturales (l'innovation étant du côté des dialectes orientaux) ; 2° par la tendance à faire passer *s* à *š* dans certaines positions ; 3° par la valeur casuelle des désinences en *-bh-* et en *-m-* ;

4° par des coïncidences étroites de vocabulaire entre l'iranien et le slave. D'autres particularités du groupe oriental, qui se retrouvent en germanique, attestent que ce dialecte n'était pas très éloigné des dialectes orientaux, auxquels il se rattache par l'intermédiaire du balto-slave. D'un autre côté se groupent à l'occident le germanique, l'italique et le celtique, qui ont de communs : 1° le passage de *-tt-* à *-ss-*; 2° un prétérit résultant de la confusion de l'aoriste et du parfait ; 3° l'alternance de *-yo-* avec *-i-* dans le suffixe du présent dérivé ; 4° la rareté du type λόγος ; 5° des détails de vocabulaire. Le dialecte le plus isolé est le grec : il présente de concert avec les dialectes orientaux des faits probants de conservation (maintien des sourdes aspirées, de l'augment, etc.), il a des innovations communes avec l'arménien et l'iranien ; d'autre part, c'est la seule langue qui, avec le balto-slave, confonde le génitif et l'ablatif ; mais il se rattache au groupe occidental par le traitement des gutturales, et des coïncidences particulières le rapprochent spécialement de l'italique. Ainsi le grec forme la transition naturelle entre l'italique et les langues orientales, et il est issu d'une région où se croisaient beaucoup d'isoglosses. Ces conclusions concordent avec la distribution géographique des langues : il en résulte que l'indo-européen a dû être parlé sur un domaine assez étendu où ont pu se différencier des dialectes divers, mais qu'il n'y a eu au cours de son évolution aucune dislocation brusque, et que les parlers indo-européens ont bien élargi leurs aires, mais sans changer de position respective.

A. Ernout.

O. Schrader. — *Sprachvergleichung und Urgeschichte.* Linguistisch-historische Beiträge zur Erforschung des indogermanischen Altertums. Dritte neubearbeitete Auflage, Jena, in-8°, I Teil, 1906, 235 p. — II Teil, 1906-1907, XII-559 p.

Le grand ouvrage de M. O. Schrader est parvenu maintenant à sa 3e édition (la première est de 1883, la seconde de 1890). C'est dire qu'il répondait à un véritable besoin et qu'il l'a satisfait dans une large mesure. M. S. a eu d'autant plus de mérite à tenir son livre au courant qu'il a dû le faire sur les loisirs singulièrement limités que laisse l'enseignement dans un gymnase allemand et que la matière qu'il embrasse est pour ainsi dire infinie, tenant d'une part à toute la linguistique indo-européenne, et de l'autre à l'histoire ancienne et à la préhistoire de tous les peuples de langue indo-européenne. On a pu lui signaler des erreurs ; la linguistique de M. S. n'est pas toujours assez précise ; un grammairien est naturellement agacé de voir citer côte à côte, et sans avertir, p. 154 un nominatif comme skr. *çvā́* et un thème comme skr. *ávi* (lire *áviḥ*, ou *ávi-*) ; mais ce sont là des détails sans importance pour l'objet que se propose M. S. Évidemment aussi, M. S. ne devrait plus attribuer, p. 129, aux Phéniciens une influence qu'on leur reconnaît de moins en moins, et il faudrait parler davantage de la Crète et des vieilles civilisations méditerranéennes. Mais ceci aussi est un peu en dehors du cadre de M. S. Et l'on sera heureux de trouver dans l'ouvrage une combinaison bien proportionnée de données linguistiques et de témoignages historiques qui s'éclairent mutuellement. Moins brillant que M. Hirt, M. S. a moins de théories, et son exposé très clair et en général très objectif continuera de rendre sous sa nouvelle forme les services qu'il rend depuis longtemps. Si les résultats qui y sont consignés ne paraissent plus très neufs bien souvent, c'est que, grâce à M. S. lui-même, beaucoup sont déjà entrés dans le domaine public : la méthode, évidemment correcte, qui consiste à éclairer la linguistique, l'archéologie préhistorique, l'histoire ancienne et l'observation des vieux usages encore conservés les uns par les autres est admise par tout le monde en principe. C'est maintenant affaire de recherches de détail d'en tirer les résultats qu'elle comporte. On ne contestera pas à M. Schrader le mérite d'avoir largement contribué à la faire prévaloir et de l'avoir appliquée dans une large mesure.

A. Meillet.

Fr. Ribezzo. — *La legge del Brugmann. Sua causa e condizione*, in-4°, 40 p. — Id. *I deverbativi sigmatici e la formazione del futuro indoeuropaeo*, in-4°, 39 p. (tous deux extraits de *Rendiconto delle tornate della R. Acad. di Arch., Lett. e B. A. di Napoli*, 1907).

Le premier de ces deux mémoires est consacré à une nouvelle discussion de la loi de M. Brugmann sur le traitement indo-iranien *ā* de i.-e. *ŏ*. M. Fr. Ribezzo maintient que le traitement *ā* est phonétique en certains cas et formule ainsi sa loi : « i.-e. *o*, en alternance avec i.-e. *e*, devient *ā* en sanskrit [il faudrait dire en indo-iranien] seulement dans une syllabe ouverte, médiane ou prédésinentielle, de certaines catégories grammaticales où, en même temps que la longueur de cette syllabe, on observe ou bien où l'on peut supposer un déplacement de l'accent initial sur la syllabe qui subit l'allongement ». Il s'agit, on le voit, d'expliquer d'une part les formes nominales skr. *dātāram, svàsāram, catvāraḥ*, etc., de l'autre les parfaits tels que skr. *jajāna*. Les preuves de M. R. ne semblent pas convaincantes. En ce qui concerne le parfait, la longue de *jajāna* n'est pas isolée : gr. γέγωνε, got. *for*, v. irl. *ro tāich* montrent qu'il y a eu des formes à *ō* qui ont pu servir de modèles au type *jajāna*. Quant au type de *dātāram*, etc., M. R. repousse l'explication que j'en ai proposée M. S. L., IX, 192 et suiv. ; XI, 12 et suiv. (cf. depuis XIII, 250 et suiv. ; XIV, 190 et suiv.). Les objections sont les suivantes :

1° Il n'est pas établi qu'il y ait eu une alternance **-on-*: **-en-* dans la flexion de **akmen-*. Mais en fait, l'alternance est attestée pour les thèmes de ce genre par le slave, le baltique, l'arménien et le germanique (v. A. Meillet, *Introduction*, 2e édit., p. 267 et suiv.).

2° L'hypothèse d'une substitution d'une alternance quantitative à une alternance de timbre est arbitraire. Il n'y a là évidemment qu'une hypothèse ; mais on conçoit bien que, n'ayant plus d'alternances de timbre, une langue, qui conserve à beaucoup d'égards le type indo-européen et qui par suite a besoin d'une alternance, développe largement les alternances quantitatives. C'est un phénomène de substitution et de suppléance de fonction, comme on en voit constamment.

3° Le sanskrit ne connaît plus à date historique la distinction des timbres *e* et *o*. — Assurément ; mais, dans mon hypothèse, l'extension analogique de *ā* qui suppose cette ancienne différence est préhistorique, indo-iranienne ; car l'*ā* n'est pas proprement sanskrit dans ces formes, mais indo-iranien. Or, la distinction de *k* et de *c*, de *g* et de *j*, etc. montre que la distinction des timbres *e* et *o* a persisté assez longtemps en indo-iranien.

Je ne vois donc aucune raison d'abandonner mon hypothèse en faveur de celle de M. R. qui comporte beaucoup de suppositions arbitraires et peu vraisemblables. M. R. attribue au mot isolé *catvā̆raḥ* une grande valeur probante ; mais un nominatif pluriel comme *catvā̆raḥ* était trop pareil au type *dātā̆raḥ* pour n'en pas subir immédiatement l'influence.

Je ne saurais donc souscrire aux conclusions de M. R. ; mais la discussion est conduite avec beaucoup de compétence et d'érudition, et ceux qui s'intéressent au problème devront en tenir compte. On regrettera d'y trouver trop de fautes d'impression : le nom de M. Buck est écrit Buch avec une fâcheuse obstination, et le *ṇ* cérébral est trop souvent négligé dans les mots sanskrits.

Il est impossible de discuter ici l'autre brochure de M. R. où, après un historique intéressant de la question du futur indo-européen, l'auteur propose de grouper le futur en *-*se*- ou *-*sye*- avec l'aoriste en *-*s*-, en voyant dans le futur l'ancien présent correspondant à l'aoriste en *-*s*-.

A. Meillet.

M. Bloomfield. — *A vedic concordance*. Cambridge (Massachusetts), 1906, in-4°, xxiv-1078 p. (forme le volume X de *Harvard Oriental Series*, edited by Ch.-R. Lanman).

La belle collection orientale de l'Université de Harvard

que dirige avec tant de zèle notre éminent confrère, M. Lanman, et à laquelle la philologie sanskrite doit déjà tant, vient de s'enrichir d'un nouveau volume, dû à M. Bloomfield, qui marquera une date dans l'histoire des études védiques. C'est une concordance de tous les mantras védiques, classés par ordre alphabétique, suivant les premiers mots de chaque pâda. Il n'y a pas lieu de dire ici quels services rendra cette concordance aux védisants : on le voit de reste. Mais les linguistes devront savoir aussi en tirer parti. En effet, pour tous les mantras qui se retrouvent dans plusieurs textes, M. Bloomfield a pris soin de relever les variantes qu'on observe d'un texte à l'autre : il y a là une mine d'observations à faire sur l'ordre des mots (qui apparaît singulièrement fixe), sur la synonymie, sur les détails de syntaxe. D'autre part, on aura là un moyen précieux d'examiner en détail le sens des passages utilisés pour fixer l'emploi des formes et le sens des mots. M. Bloomfield, qui est un linguiste d'une rare ingéniosité, n'a sans doute pas pensé avant tout aux linguistes en préparant son admirable concordance ; il a néanmoins fait d'eux ses obligés et leur a donné un instrument de travail dont ils devront apprendre à tirer parti.

A. Meillet.

E. Boisacq. — *Dictionnaire étymologique de la langue grecque,* livraisons 1 et 2, chacune de 80 p., in-8°. Heidelberg (chez Winter) et Paris (chez Klincksieck), 1907 et 1908 (prix de souscription de l'ouvrage complet 25 francs).

Le dictionnaire étymologique de M. Boisacq est annoncé depuis longtemps ; une maladie de l'auteur et des différends avec un premier éditeur en ont retardé la publication bien au delà du terme prévu ; enfin la maison Winter s'est chargée de l'édition conjointement avec M. Klincksieck, et deux fascicules ont paru successivement. Ils permettent de se faire quelque idée de ce que sera l'ouvrage.

L'étendue dépassera sensiblement celle du dictionnaire de M. Prellwitz, et l'on y trouvera par suite plus de choses et plus de renvois bibliographiques ; qu'on examine par exemple des articles comme βότρυς et βουκόλος. On y notera aussi plus de sûreté dans les formes citées. Quand il sera terminé, le dictionnaire de M. B. sera un outil de travail précieux, et il est à souhaiter que les fascicules puissent se suivre sans trop d'intervalle. Par malheur, les occupations très absorbantes de M. B. ne lui permettent pas de consacrer à ce travail autant de temps qu'il le faudrait pour aller vite.

On regrettera que M. B. n'ait pas marqué assez à quel original indo-européen remonte chaque mot. Il rapproche en bloc chaque groupe de mots grecs de tout l'ensemble des mots de même famille des autres langues, et l'histoire particulière de chaque mot n'apparaît pas assez. Par exemple γεύομαι (dont γεύω, qui est mis en tête de l'article, n'est sans doute qu'un partitif développé secondairement) n'a qu'un correspondant exact : les verbes germaniques que représente par exemple got. *kiusan* ; pour établir une antiquité indo-européenne d'un type **géuse-* le garant est médiocre ; car le germanique a notoirement développé le type thématique paroxyton de présents ; et le grec n'a guère de présents thématiques de type oxyton, à vocalisme radical zéro, tels que skr. *juṣáte* et v. irl. *togu* ; il n'est donc nullement certain qu'il ait existé un thème **géuse-* ni un thème **gusé-* ; l'un et l'autre sont sans doute des substituts d'un athématique **geus-* qui sert encore d'aoriste en védique ; et l'on aperçoit alors pourquoi le latin n'a que deux dérivés de cette racine, *-gūnō* et *gustō* (cf. irl. *gussim*), et aucune forme verbale radicale. D'autre part, il aurait été instructif, et cela n'aurait demandé presque aucune place, de dire que toutes les formes nominales grecques de la racine sont tirées de γεύομαι, que γευστός ne répond pas à skr. *juṣṭáḥ*, γεῦσις pas à skr. *júṣṭiḥ*, got. *-kusts*, et que rien ne répond à lat. *gustus*, got. *kustus*, à skr. *jóṣaḥ*, etc.

A. Meillet.

Clemente Merlo. — *Elementi di fonetica italo-greca,* a uso degli studenti di lettere. Parte I°. Introduzione-Vocalismo. Turin, 1907, in-8, II-89 p.

Le précis de phonétique italo-grecque dont M. Merlo publie une première partie est fait assez exactement sur le modèle du *Précis* du regretté Victor Henry. Il y a un inconvénient sensible à réunir ainsi deux langues aussi profondément différentes que le grec et le latin. Le procédé permet de mettre bien en évidence les traits indo-européens des deux langues, mais il ne fait apparaître que d'une manière oblique et incomplète le caractère propre de chacune. L'exposé de M. M. est correct, sans originalité ; malgré les promesses d'une préface un peu trop lyrique, l'ouvrage ne pourra d'ailleurs rendre d'utiles services qu'une fois achevé. La partie la moins satisfaisante est celle relative aux alternances vocaliques, où l'auteur, flottant entre la doctrine ancienne et les hypothèses de M. Hirt, n'énonce aucun système cohérent ; il est de plus assez bizarre d'appeler *grado forte* le degré à timbre *o* du vocalisme, et le tableau de la p. 77 renferme une grosse faute accidentelle (*ō* mal placé dans les types en *ā* et *ē*). La bibliographie est très insuffisante : parmi les livres élémentaires, il convenait de mentionner au moins le manuel de M. Giles, la phonétique latine de M. Niedermann, l'accentuation grecque de M. Vendryes, etc. Il ne fallait pas rapprocher, pour la place du ton, gr. γενόμενος de skr. *jánamānaḥ*, comme le montre γενέσθαι, et, p. 42, il était inutile d'astérisquer ϝετος, qui est largement attesté.

A. Meillet.

Eduard Hermann. — *Probe eines sprachwissentschaftlichen Kommentars zu Homer : Sonderabdruck aus der Festschrift der Hansaschule zu Bergedorf zur Feier des 25jährigen Bestehens der Anstalt am 2 April 1908,* pp. 171-214. Plaquette in-8 de 44 pages. Bergedorf, 1908.

En attendant que l'on possède une grammaire scientifique de la langue des poèmes attribués à Homère, M. E. Hermann a voulu nous donner un échantillon de ce que doit être selon lui le résultat de la méthode linguistique appliquée à cet objet. Il a étudié en ce sens les mots les plus intéressants qui se rencontrent dans les 40 premiers vers du chant α de l'Odyssée. Une petite bibliographie des questions homériques précède son travail. M. H. est très au courant de la linguistique indoeuropéenne et de la littérature homérique et ses explications sont en général excellentes. Le défaut de cette sorte de commentaire, M. H. l'a bien vu, c'est d'exposer à des répétitions fastidieuses et l'auteur y est quelquefois tombé. Il descend aussi quelquefois trop dans le détail et répète des choses trop connues. Il est vrai qu'il est censé s'adresser aux étudiants des gymnases. La même circonstance l'a gêné dans ses explications linguistiques, car il s'est fait une loi de ne citer que des langues qui y sont enseignées.

Comme il l'a dit lui-même, il vaudrait mieux exposer d'une façon systématique toutes les questions qui se rapportent à la langue homérique (histoire du texte, métrique, phonétique, morphologie et syntaxe). Il faudrait aussi avoir la liberté de ne reculer devant aucune citation de langues étrangères au grec.

Une observation générale est que M H. est encore de l'avis de ceux qui veulent voir dans les deux épopées un assemblage de pièces tantôt plus, tantôt moins anciennes, et c'est en partie à cela qu'il attribue le caractère composite de la langue. Comme cette hypothèse n'explique pas tout, il est bien préférable de croire avec M. Bréal, que les poèmes homériques sont plus récents qu'on ne le pensait et que la langue employée par eux est le résultat d'une longue élaboration due à des écoles poétiques.

Quelques observations de détail : p. 184, M. H... discute la question de savoir s'il faut lire Τροίης ou Τροΐης, question indifférente ici au point de vue métrique (v. 2). Il constate lui-même que la première scansion s'impose au v. 62 du même chant, mais il admet qu'au v. 2 on pourrait songer à lire Τροΐης. Cela paraît bien invraisemblable si l'on réfléchit à l'étymologie du mot. Il dérive évidemment de Τρῶ-ες etc. A l'intervocalique est tombé, dit M. H., un *w*, un *y* ou un *s*, probablement un *w*. Admettons ce *w* et restituons la forme ancienne du dérivé *ΤρωϜyā (on a Τρωίας et Τρῴας chez Pindare, mais ce sont des formes refaites). C'est seulement si l'on admet une prononciation consonantique à la fois du *w* et du *y* que l'on peut s'expliquer l'abrègement de ω en ο, cf. *βασιληϜς > βασιλεύς. Et si le *y* était consonne quand il suivait la consonne *w*, à plus forte raison l'est-il resté quand il est venu en contact avec la voyelle ο (ancien ω). Si, malgré tout, M. H. voulait soutenir que la scansion du poète était Τροΐης, ce ne serait en tout cas qu'une résolution artificielle et récente de la diphtongue.

Autre détail : p. 192, pour expliquer ἐρρύσατο, M. H. restitue une forme ionienne (et attique) *ἐ-νρύσατο et admet que dans cette position *w* était devenu *v*, d'où, par assimilation de *vr* > ρρ. Personne ne le suivra. Car c'est précisément dans les dialectes où le *w* s'est resserré en *v* et a par conséquent affermi son articulation que le Ϝ a subsisté (lac. ἀβέλιος, βέσορ etc.). Puisque *w* a très anciennement disparu en ionien et en attique, c'est qu'il y a toujours eu une articulation très faible, celle d'un *u* consonne. On ne voit pas du reste ce qui empêche d'admettre directement l'assimilation de Ϝρ en ρρ. Elle est même plus concevable que celle de *vr* en ρρ puisque l'articulation du Ϝ (*v*) est moins ferme que celle du *v* et que le Ϝ offrait donc moins de résistance.

P. 205, à propos de διχθά, M. H. constate simplement que le suffixe -χθά ne se rencontre pas dans les autres langues et qu'à côté nous ne rencontrons dans Homère que τριχθά et τετραχθά. Il aurait pu dire que ce suffixe -χθά est peut-être ionien, car c'est précisément dans le néo-ionien que l'on rencontre les dérivés διξός, τριξός, τετραξός de *διχθyός, *τριχθyός, *τετραχθyός à côté de δισσός (διττός) etc... qui ne peut s'expliquer que par *διχyός de δίχα qui se rencontre aussi dans Homère, mais qui provenait sans doute d'un autre dialecte.

Quant à l'idée générale de la modernisation ionienne

d'un texte primitif éolien, idée répandue dans tout le travail, il faut l'entendre non dans le sens absolu, celui de Fick, ni dans le sens relatif de retouches faites au texte, mais dans celui de l'emploi d'une langue mixte existant par tradition poétique dès avant la composition de l'Iliade et de l'Odyssée.

A. Cuny.

Fr.-E. Kieckers. — *Die lokalen Verschiedenheiten im Dialekte Kretas* (diss. Marburg). Marburg, 1908, in-8, 111 p. et 12 cartes).

On a remarqué depuis longtemps que les inscriptions des diverses localités de la Crète présentaient des formes sensiblement différentes. Dans sa dissertation inaugurale, M. Kieckers, élève de notre éminent confrère M. Thumb, précise ces différences. Par toute une série de tableaux et de cartes, il met en évidence pour la Crète l'absence de toute limite dialectale générale et le fait que chaque phénomène a ses limites propres : c'est, on le sait, ce que l'on observe partout où la langue d'un centre n'a pas été étendue à toute une région et où par suite chaque localité a gardé et développé son parler autonome. Comme toujours aussi en pareil cas les parlers géographiquement voisins présentent des coïncidences ; et l'on observe ici le fait curieux que les particularités les plus caractéristiques se rencontrent dans les parlers de la Crète centrale, qui sont d'ailleurs les mieux connus (c'est à la Crète centrale qu'appartiennent les belles inscriptions de Gortyne) ; les parlers de l'Est et de l'Ouest, dont on n'a malheureusement que peu d'inscriptions, peu anciennes pour la plupart, se rapprochent plus du type dorien courant et banal.

Si, sur cette question des différences locales, M. K. a pu arriver à des conclusions précises et que confirmeront sans doute les nouvelles découvertes épigraphiques qu'on a le droit d'attendre, il a dû se montrer plus réservé sur une autre question, très importante à tous égards : celle de la succession des parlers grecs en Crète. De divers témoignages assez vagues il semble résulter qu'il y a eu en Crète deux invasions helléniques : une ancienne invasion « achéenne », puis l'invasion dorienne. La question est de savoir si le vieux fond « achéen », ou, suivant l'expression de M. Thumb, « grec central », transparaît sous le type généralement dorien des parlers de l'île. Or, un certain nombre de particularités caractéristiques, notamment la forme ἰν de la préposition ἐν, le nominatif pluriel οἰ (οἰ) de l'article, ne sont pas doriennes; et c'est dans le groupe arcado-cypriote seul (à quoi il faut ajouter le pamphylien) que se retrouve l'ensemble de ces particularités. M. K. ne précise peut-être pas assez ici ; il groupe trop les parlers éoliens avec l'arcado-cypriote. Il a dû y avoir un temps où des parlers de type arcado-cypriote et pamphylien s'étendaient à la fois sur le Péloponèse et dans un nombre illimité de colonies, sur une ligne qui s'étend de la Crète à l'Ouest jusqu'à la Pamphylie et à Cypre à l'Est.

Voici quelques remarques de détail : P. 52, M. K. énumère les exemples de métathèse qu'on observe surtout en crétois central ; il omet de noter les cas où il n'y a pas métathèse, et rend ainsi impossible de déterminer si l'on est en présence d'une loi phonétique générale, et si le phénomène ne serait pas lié à des conditions déterminées. P. 30, M. K. raisonne comme si la substitution de -ανς à *-*ās* à l'accusatif pluriel des thèmes en -*ā*- n'était pas un fait grec commun, ainsi que le montre l'accord du crétois -ανς, du lesbien -αις et de l'ionien-attique -ᾱς (et non -ης). P. 55, sur l'esprit rude initial de ἅμε, il aurait convenu de renvoyer à la discussion de M. Sommer, *Griechische Lautstudien*, p. 32 et suiv.

Sobrement écrite, rédigée et préparée avec soin, la dissertation de M. K. est une très utile contribution à la dialectologie du grec ancien ; on y appréciera une méthode correcte, un jugement droit et une solide érudition : elle fait honneur à son auteur et à l'enseignement qu'il a reçu.

A. Meillet.

R. Helbing. — *Grammatik der Septuaginta.* Laut-und Wortlehre. Göttingen, 1907, in-8, xviii-149 p.

Les singularités de la langue des Septante ont paru longtemps négligeables et n'intéressaient pas les philologues ; on était tenté de les attribuer à ce que les auteurs étaient des étrangers traduisant gauchement un texte hébreu. Les papyrus et les inscriptions ont révélé que la langue des Septante était en somme le grec courant de leur temps, et que la traduction de l'Ancien Testament était écrite dans une forme parfaitement hellénique, la Κοινή de l'époque ptolémaïque. Dès lors, il devient intéressant d'étudier de près la langue de cette traduction ; M. Helbing s'est proposé de résumer dans son livre ce que les travaux de M. Deissmann et de ses élèves ont révélé et de reprendre la question dans son ensemble.

La difficulté de la recherche est grande pour deux raisons. Tout d'abord, le texte n'est connu que par des manuscrits postérieurs de bien des siècles à la composition des originaux, et il est par suite impossible de déterminer ce qui, dans des formes grammaticales qui en principe ne sont pas tenues d'être classiques, est dû à l'inattention des scribes et au parti pris des reviseurs. En second lieu, il s'agit d'une traduction, et le plus souvent assez servile, comme on doit l'attendre d'une traduction orientale d'un texte religieux. Si, par exemple, dans un des principaux manuscrits des Septante, dans A, on lit des accusatifs tels que ἐλπίδαν, il est impossible de déterminer ce qu'il en faut penser ; M. Helbing, constatant que ces formes ne se rencontrent guère que dans ce manuscrit et que cette innovation est rare dans les papyrus et les inscriptions d'époque ptolémaïque, ne leur accorde aucune créance ; M. Psichari, au contraire, dans son *Essai sur le grec de la Septante* (*Rev. d. ét. juives,* 1908, p. 165 et suiv.), s'appuie sur des témoignages épigraphiques plus anciens et sur la tendance qui a abouti à la forme grecque moderne pour déclarer authentiques les exemples du type ἐλπίδαν ; le vrai est qu'on n'a ici aucun moyen de décider ; en critique stricte, M. H. a raison ;

mais il n'est pas impossible que la forme ἐλπίδαν, tenue pour anomale, ait été éliminée et que seul le manuscrit A ait la vieille leçon. On ne saurait donc utiliser les faits exposés par M. H. avec la même confiance que ceux qui sont fournis par les papyrus et les inscriptions. L'auteur se contente du reste en général de rassembler les faits et de les rapprocher des documents contemporains sans faire la critique approfondie qui l'aurait entraîné très loin. On lui saura gré d'avoir débrouillé les matériaux et d'avoir donné un premier aperçu systématique d'une question singulièrement délicate.

Les observations du début sur la Κοινή n'enseignent rien de nouveau et sont trop superficielles (un simple renvoi à l'excellent ouvrage de M. Thumb aurait été suffisant). Par exemple la Κοινή n'a pas eu à éliminer le duel (p. VII) ; le duel était déjà sorti de l'usage en attique.

A. Meillet.

Karl Dieterich. — *Sprache und Volksüberlieferungen der südlichen Sporaden im Vergleich mit denen der übrigen Inseln des ägäischen Meeres,* Vienne, A. Hölder, 1908, VIII pages + 526 colonnes, in-4°.

Ce livre de M. Dieterich, comme celui de M. Kretschmer sur le dialecte moderne de Lesbos (Vienne, 1905), a paru sous les auspices de la Commission des Balkans[1], dont les belles publications se succèdent avec une louable rapidité. Depuis longtemps familiarisé avec la Grèce moderne, parlant couramment le romaïque, l'auteur était tout désigné pour la tâche qu'il a assumée. Les observations dont il vient de publier les résultats ont été faites au cours de deux voyages, entrepris, l'un dans l'été de 1899, l'autre durant l'automne et l'hiver de 1902-1903.

Le but poursuivi par l'auteur est tout différent de celui

1. Kaiserl. Akad. der Wissenschaften. Schriften der Balkankommission. Linguistische Abteilung. III. Neugriechische Dialektstudien. Heft II.

qu'ont immédiatement visé tous ceux qui, jusqu'à ce jour, se sont occupés de dialectologie néo-hellénique. Suivant M. Dieterich, il est vain et inutile d'étudier un dialecte donné en lui-même et pour lui-même. Ce qui importe, dans un parler grec, c'est de déterminer dans quelle dépendance se trouve ce parler par rapport aux trois grands dialectes néo-helléniques: chypriote, crétois, épirote. Chypre, la Crète et l'Épire sont en effet, pour l'auteur, trois sommets linguistiques : Chypre et la Crète, comme centres de la culture latine en Orient; la Crète, spécialement au point de vue stratégique, en tant que rempart naturel de la mer Égée ; l'Épire, au point de vue national, comme l'asile de la liberté et la patrie des héros de l'Indépendance. Dans ces trois centres a dû se grouper une population particulièrement dense, qui de là s'est répandue dans les régions voisines, moins habitées, en modifiant ainsi la carte linguistique de la Grèce.

Conformément à cette théorie, M. Dieterich s'est efforcé, d'abord de grouper ses matériaux d'une façon aussi complète et aussi claire que possible, puis et surtout de leur assigner une origine, soit chypriote, soit crétoise, l'épirote n'entrant pas en ligne de compte, lorsqu'il s'agit des Sporades méridionales. Dans les cas douteux, l'auteur se base sur le plus ou moins de probabilités en faveur d'une influence crétoise ou chypriote. Cette tentative, on le voit, ne manque pas d'intérêt, et ceux qui prendront la peine de parcourir l'ouvrage en question se convaincront aussi qu'elle suppose un travail considérable, dont il est juste de féliciter l'auteur. Les objections, il est vrai, se présentent en foule à l'esprit et je voudrais, sans m'arrêter aux questions de détail, en énoncer ici quelques-unes, parmi les plus générales.

Le principal inconvénient de la théorie en question est, à mon sens, son caractère trop absolu. Les influences crétoise et chypriote sont indéniables dans le domaine des chansons populaires, et je crois que les études dans le genre de celle à laquelle s'est livré M. Dieterich (col. 291-372) peuvent être fécondes en résultats. La lexicologie est un terrain déjà moins favorable dans son ensemble, mais où pourtant on peut encore arriver à des conclusions satisfaisantes. Pour la morphologie, la méthode me semble sujette à caution, et j'estime qu'elle est à rejeter en ce qui concerne la phonétique. Non pas que je veuille nier, pour des lieux et des temps donnés, la possibilité d'apports de tendances phonétiques extérieures, mais parce que je pense que ce sont là des cas purement exceptionnels et qu'il convient de traiter comme tels.

Je rappelle d'autre part que, si nous sommes assez bien renseignés sur Chypre, grâce aux travaux de MM. Mondry Beaudouin, Sakellarios et Ménardos, nous connaissons fort mal en revanche le dialecte crétois, ou plutôt les parlers de Crète, car cette île est encore dans un état de morcellement linguistique dont elle ne sortira sans doute pas de si tôt. La Crète a, il est vrai, vu naître de nombreuses œuvres littéraires, rédigées dans une langue qui s'écarte sensiblement du grec commun, mais chacun sait combien ces textes sont des documents morphologiques et phonétiques peu précis, surtout quand il s'agit d'un pays de cette nature et de cette étendue. A l'heure actuelle, nous ne possédons aucune étude sur les parlers de Crète, et nos sources les meilleures sont le lexique de l'Érotocritos, publié par M. Jannaris, les chansons crétoises du même, avec quelques indications linguistiques à l'index, enfin des observations disséminées dans les divers ouvrages de M. Hatzidakis, qui est originaire de cette île. C'est dire que nous sommes, la plupart du temps, dans l'impossibilité d'affirmer qu'une évolution phonétique donnée n'est pas crétoise. Ainsi, le premier phénomène cité par M. Dieterich (col. 90) comme relevant du dialecte chypriote, savoir le changement de α en ε, nous est attesté pour la Crète par παλάτι ⟶ πελάτι (Jeannaraki, *Chans. crét.*, p. 381).

Ceci m'amène à une objection plus grave encore. Je serais tenté de reprocher à M. Dieterich de n'être arrrivé à ses conclusions générales qu'aux dépens de la précision et de l'exactitude. Il est trop simple, par exemple, d'englober sous une même rubrique les divers aspects de la métathèse de ρ et de s'en débarrasser en attribuant le tout à la κοινή ancienne (col. 92) ; les faits modernes de métathèse sont plus nombreux et plus nuancés que ceux de la κοινή. D'autre part, pour le premier changement phonétique signalé, celui de α en ε, M. Dieterich cite, 1° dans le groupe oriental : καθερίζω, σεράντα, Astypalée ; βελανιδιά (commun), γερμάδα = ἀρμάδα, Samos ; βρεδυνός, Kalymnos ; 2° dans le groupe occidental : ἀρρεβωνιάζω, Mykonos, Siphnos ; βελανιδιά, Mykonos ; καθερίζω, Andros, Mykonos ; καθερνῶ, Siphnos ; περιελιά = περιγιαλιά, Siphnos, Sériphos ; ῥεχαμίδα = χαραμίδα, Mykonos ; τρεβλός = τραυλός, Siphnos. Peut-on chercher des résultats positifs dans un si petit nombre d'exemples, répartis sur une telle étendue de pays ? Dans des cas semblables, avant de se prononcer en faveur d'une influence quelconque, n'importe-t-il pas de mieux étudier sur place le phénomène, de s'assurer de sa vitalité, de la façon dont il évolue ? Bref, en se plaçant au propre point de vue de M. Dieterich, n'arrive-t-on pas à cette conclusion que les monographies dialectales sont, non pas vaines et inutiles, mais au contraire indispensables, et qu'elles constituent encore, dans l'état présent de nos connaissances néo-helléniques, une des meilleures occupations auxquelles nous puissions nous livrer ?

Ces réserves une fois faites, sur la portée générale du livre de M. Dieterich, il convient de faire remarquer que la partie phonétique (col. 27-86) contient pour les néo-grécisants une foule d'utiles renvois et de précieuses indications. Nous signalons spécialement aux linguistes le curieux changement de *ll* en *lt* à Astypalée : ἄλλος ➳ ἄλτος, μαλλί ➳ μαλτί, σταφύλι ➳ σταφύλλι ➳ σταφύλτι, ληνός ➳ λληνός ➳ λτηνός, et même βίγλα ➳ βίγγλλα ➳ βίγγλτα. On sait que, dans les patois de cette région, certaines consonnes, parmi lesquelles la liquide *l*, se redoublent, sous l'influence d'un accent principal ou secondaire ; c'est le double *l* ainsi obtenu qui aboutit à *lt*. Ce changement rentre dans l'évolution générale des groupes de deux consonnes en néo-grec et fournit précisément à la chaîne un des anneaux qui lui manquaient (Pernot, *Études* I, 371-372). Parmi les formes citées, col. 72-73, à la disparition du *y* postconsonantique, il y a lieu de retrancher le suffixe -ένος (ἀσημένος, σιδερένος, etc.), qui ne provient pas de ένιος (grec commun ἀσημένιος, σιδερένιος, etc.), mais de -έϊνος (ἀσημέϊνος, σιδερέϊνος, etc.) par simple contraction ; puis ἐθῶρεν qui, comme ἐθώριεν, dérive de ἐθώρει par voie analogique. L'aspirée *th*, dans les mots comme *ksathós*, pour ξανθός, n'a rien de commun avec l'aspirée ancienne θ = *th* (col. 84) ; c'est tout simplement l'aboutissant de la double continue interdentale moderne θθ. Pareillement, les formes ἀμμέ pour ἀμμή et μὲν pour μὴν (col. 157) ne nous conservent pas l'ancienne prononciation de l'η, qui n'existe plus et qui ne peut plus exister en Grèce ; ἀμμὲ est analogique, comme πάλε pour πάλι, et μὲν provient phonétiquement de μὴν ou de μηδέν.

Je passe sous silence la morphologie, d'ailleurs brièvement traitée par M. Dieterich (col. 115-148), pour signaler encore spécialement à l'attention du lecteur le chapitre relatif à la lexicologie. L'auteur y a réuni plus de 400 mots, avec de très nombreuses références, et il y a joint en appendice (col. 267-291) une liste de noms de lieux et de personnes. Λούπης, mentionné comme obscur parmi les noms propres (col. 287), est sans doute le nom commun λούπης = milan. Νεμικός, qui vient immédiatement après, ne se rattache ni à ἄνεμος, ni à ἄνχιμος ; c'est le substantif νομικός, avec changement de ο en ε. Tout ce chapitre est du reste parfaitement bien traité et il me semble qu'on peut en dire autant de la fin du volume, qui comprend encore des chansons populaires (col. 291-372), des proverbes et des devinettes (col. 373-440), des contes (col. 439-512), enfin un copieux index (col. 515-526).

L'ensemble de l'ouvrage constitue une très intéressante contribution aux études de linguistique néo-hellénique, dont M. Dieterich est, en Allemagne, un des représentants les plus autorisés, et il est désirable que ce savant nous donne bientôt la suite des travaux qu'il a entrepris dans ce domaine.

Hubert PERNOT.

H. Pernot. — *Études de linguistique néo-hellénique.* I. Phonétique des parlers de Chio. Paris, 1907 (chez l'auteur, 7, rue du Clos-d'Orléans, à Fontenay-sous-Bois, Seine), in-8, 571 p. (avec une carte et 85 figures).

Parmi les ouvrages qui, depuis quelques années, ont si fort élargi et renouvelé la connaissance du grec moderne, celui dont M. Pernot offre ici le premier volume présente dès l'abord deux originalités : d'abord l'auteur, qui a appris le grec moderne de très bonne heure, le parle comme une langue maternelle, quoique étant un occidental ; et en second lieu, la recherche n'a pas été faite à l'aide de l'oreille seule ; partout où il a été possible, M. P. s'est servi d'instruments qui lui ont permis de donner à ses observations une précision singulière. La délicatesse de l'observation est poussée si loin que, bien souvent, on entrevoit dans l'exposé de M. Pernot, à côté de l'état actuel des parlers de Chio, leur évolution de demain.

Le livre se compose d'une série d'observations prises sur le vif, les unes par l'oreille, les autres à l'aide d'appareils, que l'auteur a classées et dont il se borne à indiquer brièvement les conséquences. Il a ainsi un accent de réalité à un degré qu'on a rarement l'occasion de rencontrer. L'inconvénient, c'est que la norme de la langue apparaît assez obscurément à travers cette longue série de menus détails précis. Et il n'est pas petit. Car la véritable réalité que le linguiste doit atteindre, ce n'est pas telle manifestation articulatoire ou acoustique ; c'est à travers chaque phrase émise ou entendue, le schème linguistique commun à tout un groupe social, schème que chaque individu porte en lui, dont chacune de ses paroles n'est qu'une manifestation plus ou moins approximative et qui lui sert à comprendre les paroles des autres, en restituant ce qu'il ne perçoit pas complètement et qui n'a peut-être pas été émis. Dans le livre de M. P., la norme linguistique disparaît trop derrière les faits particuliers ; et, si son exemple était beaucoup suivi, il y aurait là un danger sérieux. Mais il n'est sans doute pas à craindre que l'on imite avec excès M. P. sur ce point : il faut pour cela des connaissances d'une trop rare précision.

Le chapitre sur l'accent est particulièrement intéressant. M. P. a pu, avec les instruments, préciser les connaissances actuelles. En ce qui concerne la quantité, il a confirmé que, à l'intérieur du mot, les syllabes accentuées sont plus longues que les inaccentuées, et reconnu que, à la finale, toutes les syllabes sont longues, sans condition d'accent. En ce qui concerne la hauteur, il a établi que l'accent grec comporte normalement une part très notable d'élévation ; l'accent de hauteur du grec ancien subsiste donc à Chio (et sans doute dans tout le grec moderne) ; c'est une observation capitale et dont on voit immédiatement la portée. Quant à l'intensité, M. P. semble disposé à en contester jusqu'à l'existence à Chio ; mais les expériences qu'il a faites ne fournissent en réalité aucune donnée sur l'intensité ; on sait que l'intensité est ce que les appareils de M. l'abbé Rousselot dont s'est servi M. P., comme d'ailleurs ceux de M. Scripture, permettent le moins d'apprécier ; il reste donc ici une question ouverte : quelle est la part de l'intensité dans l'accent du grec moderne ? Quoi qu'il en soit, il apparaît maintenant que la transformation fondamentale subie par le grec a consisté non pas dans la perte de l'accent de hauteur, qui n'a jamais cessé d'exister, mais dans la substitution au rythme quantitatif indépendant de l'accent, qui caractérisait le grec ancien, d'un rythme aussi lié à l'accent, rythme où la quantité, devenue dépendante de l'accent, joue un rôle important. Cette remarque, que M. P. n'a pas faite explicitement, montre quel progrès décisif il a fait réaliser à la question de l'histoire de l'accentuation grecque.

Un problème qui est étroitement lié au précédent est celui des altérations subies par les voyelles inaccentuées. On sait que ces altérations sont très grandes et importantes dans les parlers grecs septentrionaux ; elles ont moins d'importance dans le groupe méridional dont Chio fait partie, mais elles y apparaissent néanmoins. Par sa théorie sur l'accent, M. P. a été amené à penser que ces altérations ne sont pas dues à l'accent d'intensité, et il a sans doute raison, mais il ne le démontre pas. Il indique, il est vrai, le fait essentiel : à savoir que les voyelles les plus fermées *i* et *u* tendent à être aussi les plus brèves ; mais il le note en passant, sans insister ; il n'utilise pas les faits connus des autres langues qui nous attestent la tendance à une brièveté particulière des voyelles les plus fermées, et ne tire pas parti des observations déjà faites à cet égard. On regrettera surtout qu'il n'ait pas institué une recherche méthodique des durées relatives des voyelles suivant leur degré de fermeture, et qu'il se soit borné sur ce point à une indication sommaire, sans discussion approfondie.

Il est vrai que les recherches du genre de celles qu'a faites M. P. demandent un temps extrêmement long ; il pourrait sembler que le sujet est un peu étroit ; il était en réalité trop large pour être embrassé dans son entier avec la méthode minutieuse de l'auteur. Mais ce qui est donné est déjà si abondant et si intéressant qu'on n'en saurait vouloir à M. P.

Il a adopté, avec des modifications malheureuses pour la notation phonétique, l'alphabet dont se servent M. Rousselot et M. Gilliéron pour les patois gallo-romans. Cet alphabet, peu connu en dehors de ceux qui s'occupent de ces patois, rendra la lecture du livre de M. P. assez difficile et lui nuira.

On a surtout discuté ici avec M. P., et son livre est si neuf et si instructif qu'on serait tenté de le faire très longtemps. Mais son livre est de ceux que devront étudier à fond ceux qui s'occupent de grec moderne. Et l'on attendra avec impatience la suite d'un travail si riche d'observations neuves et d'idées personnelles.

A. Meillet.

W.-M. Lindsay. — *Syntax of Plautus*. Oxford, 1907, St. Andrews university publications n° IV, in-8, iv-138 pages.

Philologue et grammairien, M. Lindsay est un de ceux qui connaissent le mieux Plaute ; son édition des Captifs, puis l'édition complète qu'il a donnée du comique, l'ont abondamment prouvé ; un livre de lui sur la syntaxe de Plaute ne peut donc qu'être favorablement accueilli. Le mot syntaxe est pris par l'auteur dans son sens le plus vaste, et comprend des parties qui peuvent aussi bien figurer dans la morphologie : étude de l'emploi des formes du nom, de l'adjectif, du pronom et du verbe, de l'emploi de l'adverbe, de la préposition, de la conjonction, et de l'interjection. Telles sont les divisions du livre ; elles sont, en outre, précédées d'un chapitre sur les tours familiers (colloquialisms) et les concordances. Ainsi avons-nous une partie de la morphologie plutôt qu'une syntaxe proprement dite, puisque la phrase n'est pas traitée, et que la question de la parataxe, par exemple, figure dans les voix du verbe, à propos du subjonctif (p. 66 et suiv.). Mais il est vrai qu'étudier les groupes syntaxiques et les valeurs des divers composants de la phrase c'est encore faire de la syntaxe, et le livre de M. Lindsay justifie par là son titre.

Digne d'intéresser les latinistes, ce résumé (summary) sera lu avec profit par les linguistes. M. Lindsay ne s'est pas borné à Plaute seul ; il a fait figurer de nombreuses citations de Térence, d'Ennius, de Varron, des fragments des tragiques et des comiques, et nous donne une esquisse de la syntaxe latine jusqu'à la fin de la période archaïque ; en bon grammairien, il ne s'interdit pas non plus d'invoquer, pour éclairer les faits latins, le témoignage de l'osco-ombrien ou du grec. Ces timides essais de comparaison contrastent agréablement avec la lourde compilation de faits qu'on offre d'ordinaire sous le nom de syntaxe. De ce côté, le progrès sur les ouvrages de Fr. W. Holtze et de Draeger est considérable.

L'exposé de M. Lindsay est, en général, correct, et la valeur des formes indiquée avec précision. Néanmoins ce qu'il dit du plus-que-parfait (p. 62) n'est pas juste : il n'est pas vrai que *amaueram* et *amaui* aient pu s'employer avec la même valeur : le présent du perfectum exprime la notion d'achèvement, le plus-que-parfait projette dans le passé la représentation de l'action achevée. De même le type *faxō* n'est pas un ancien subjonctif aoriste en *s* (p. 61), mais est formé à l'aide d'un morphème *s* qui apparaît en irlandais et dans le désidératif indo-iranien.

L'aspect du volume n'est pas très engageant, et le maniement en est mal commode : le caractère est compact, les exemples et la bibliographie sont noyés dans le texte de l'auteur, sans qu'aucun artifice typographique les en distingue. De plus chaque chapitre a sa numérotation spéciale ; il est fait souvent des renvois de l'un à l'autre et l'absence de titre courant pour chacun d'eux rend difficiles les recherches que ne favorise d'autre part la présence d'aucun index. M. Lindsay doublerait la valeur de son livre en éditant, dans les publications de l'université de St. Andrews, un index locorum et uerborum pour suppléer à l'insuffisance de la table des matières.

A. Ernout.

H. Bornecque. — *Les clausules métriques latines* (Travaux et mémoires de l'Université de Lille, I, Droits et Lettres. Fasc. 6). Lille, 1907, in-8°, XVIII-616 p.

Depuis que M. L. Havet a découvert et démontré que la prose littéraire de Cicéron et de beaucoup d'autres écrivains latins après lui observe des règles précises pour la quantité dans les fins de phrases, de nombreux travaux ont paru sur la question. M. Bornecque, ancien élève de M. L. Havet, a repris l'examen d'ensemble de la question ; il a réuni les textes antiques où il est traité du rythme de la prose, scandé des portions étendues de tous les auteurs dont les clausules sont métriques et discuté la théorie générale des faits. C'est une mise au point générale de la question qu'offre le présent volume. Il n'y a pas lieu d'examiner ici l'intérêt qu'offrent les faits pour la philologie latine. Mais le linguiste a aussi à en tirer profit, et le livre de M. B. a, pour les linguistes, le grand mérite de permettre, même aux profanes, d'utiliser la nouvelle découverte. On sait désormais que des observances de quantité se rencontrent en prose comme en vers, et, par suite, que la quantité est un élément essentiel de la langue. Quant au détail, l'étude des clausules fournit le moyen de déterminer certaines quantités, de vérifier des quantités douteuses, et de reconnaître la forme prise par certains mots. Il est intéressant, par exemple, de voir que Quintilien connaît la prononciation *reprēndō* de *reprehendō* (p. 320 et 424), que Cicéron admet à la 3e personne du pluriel du perfectum *-ĕrunt* et *-ērunt* (p. 222), que la première syllabe des verbes tels que *requīrō* est souvent longue et qu'il faut alors lire *reqquīrō*, etc.

A. Meillet.

P. G. Goidánich. — *L'origine e la forme della dittongazione romanza.* La qualità d'accento in sillaba mediana nelle lingue indeuropee (vol. 5 des *Beihefte zur Zeitschrift für romanische Philologie*), Halle a. S., 1907, in-8°, 218 p.

L'une des remarquables originalités du grand linguiste italien, Ascoli, notre confrère mort récemment, était d'unir la science du romaniste à celle du comparatiste pour les langues indo-européennes ; il était du petit nombre de ceux qui peuvent suivre toute la courbe du développement linguistique de l'indo-européen à l'époque moderne. M. Goidánich reproduit ce trait de son maître, et l'ouvrage qu'il vient de publier est de ceux que peu de gens pourraient écrire aujourd'hui ; car l'objet en est de démontrer que l'un des faits les plus importants de la phonétique romane, la diphtongaison de certaines voyelles, a ses origines en indo-européen ; et c'est un rapprochement avec des faits phonétiques très délicats du baltique et du slave qui doit, dans sa pensée, éclairer les faits romans. Quoi qu'on puisse penser de l'hypothèse hardie et très intéressante de M. G., le seul fait de l'avoir défendue avec une compétence indiscutée à la fois du côté roman et du côté indo-européen est la marque d'une rare supériorité chez le savant qui l'a proposée.

On sait d'ailleurs quel est le mérite de M. G. Ses débuts

ont été brillants : l'hypothèse qu'il a avancée sur les conditions dans lesquelles le τ grec a passé à σ a été souvent reproduite, et M. Brugmann par exemple n'a cessé de s'y tenir. Depuis, M. G. s'est surtout occupé de latin et de romanisme ; et les questions qu'il a abordées, toujours avec compétence et en apportant des vues personnelles, ont été parmi les plus difficiles. L'article sur le parfait et l'aoriste latins, dans les *Atti* de l'Académie de Naples, XIX, II, n° 3 et l'article sur le latin archaïque dans le *Studi italiani di filologia classica,* X, 237-319 sont des productions considérables, et qui attestent chez leur auteur autant d'ingéniosité que d'érudition et de méthode.

La question à laquelle s'attache cette fois M. G. est très grave : les anciennes voyelles simples du latin apparaissent souvent diphtonguées sous l'accent dans une plus ou moins grande partie du domaine roman. La voyelle la plus ouverte *a* et les deux voyelles les plus fermées *ī* et *ū* échappent à peu près entièrement à la diphtongaison dont les voyelles intermédiaires *ĭ* et *ŭ*, *ē* et *ō* et surtout *ĕ* et *ŏ* ont été souvent atteintes. L'étendue de l'aire où *ĕ* et *ŏ*, c'est-à-dire *e* et *o* ouverts, ont été diphtongués est telle que le point de départ de la diphtongaison doit être posé en latin vulgaire. M. G. s'efforce de le montrer au moyen d'une discussion très approfondie et très serrée des faits que présentent les dialectes italiens. Il appartient aux romanistes de déterminer dans quelle mesure M. G. a prouvé sa thèse à cet égard. On admettra — *provisoirement* — ici que le point de départ de la diphtongaison des divers parlers romans est en latin vulgaire.

M. G. va plus loin. Constatant que la diphtongaison ne reconnaît aucune cause, et déclarant un pareil changement impossible sans une cause profonde, il suppose que les voyelles latines présentaient des différences d'intonation correspondantes à celle qu'on observe en baltique et en slave. Pratiquement l'auteur n'utilise guère d'autre point de comparaison que le lituanien ; on ne saurait le regretter, car la considération du lette, du vieux prussien et des dialectes slaves aurait beaucoup compliqué son exposé sans le rendre sensiblement plus probant. Les différences d'intonation les mieux établies pour l'indo-européen ne concernent que la syllabe finale qui n'entre pas en considération pour la théorie de M. G. En ce qui touche l'intérieur du mot, on n'observe de différences d'intonations des voyelles qu'en baltique et en slave. M. F. de Saussure a établi, et M. G. accepte entièrement sa démonstration, que les voyelles longues anciennes du baltique (et du slave) étaient intonées « rudes » et les brèves « douces ». Si ē et ō tendent en latin vers e^i, o^u, c'est parce que ce sont des voyelles dont l'intonation est descendante; si au contraire ẽ et õ tendent vers *ie, uo,* c'est que ce sont d'anciennes voyelles à deux sommets. Je ne comprends pas bien comment M. G. peut, d'après le lituanien, qualifier ē et ō de voyelles à deux sommets. Mais on peut laisser cette question accessoire de côté. L'hypothèse de M. G. ne me semble pas solide pour les raisons suivantes.

Tout d'abord la diphtongaison spontanée d'une voyelle n'est pas aussi impossible que semble le croire M. G. Une voyelle est une tenue qui n'est pas identique à elle-même d'un bout à l'autre; tous les savants qui enregistrent graphiquement des voyelles constatent des changements du commencement à la fin de l'émission, et, en particulier, les parties de la voyelle qui suivent la consonne initiale de la syllabe et les parties qui précèdent la consonne finale de cette syllabe sont tout à fait distinctes du centre de la voyelle. La diphtongaison ne représente qu'une exagération de ces variations à l'intérieur de chaque voyelle qui sont normales. L'anglais et l'allemand ont ainsi d'une manière indépendante des diphtongues *ai, au* représentant ī et ū du vieil anglais et du vieil allemand.

En second lieu, on n'a aucune raison de croire que l'intonation, c'est-à-dire une variation d'intensité et de hauteur à l'intérieur d'une même voyelle, entraîne une variation de timbre. En fait il n'apparaît pas qu'en aucun cas une différence d'intonation ait entraîné *directement* une différence de timbre en baltique, en slave ou en grec. Il n'apparaît pas davantage que l'intonation ait entraîné aucune diphtongaison dans ces langues. Et là où le lituanien a une sorte de diphtongaison, comme dans le cas des ō donnant ů, le fait est entièrement indépendant de l'intonation : ú et ũ existent également.

Enfin il s'en faut de beaucoup que la coïncidence du latin et du lituanien soit parfaite. L'ī et l'ū latins reposent en partie sur d'anciens ī et ū, répondant à des longues rudes lituaniennes, en partie sur d'anciennes diphtongues répondant à des diphtongues douces lituaniennes. L'*e* et l'*o* fermés du latin vulgaire reposent en partie sur ē et ō, en partie sur ĭ et ŭ. Pourquoi ī et ū d'une part, *a* de l'autre ne sont-ils pas diphtongués? rien n'est plus intonable que *a* en lituanien.

Je ne crois donc pas que la démonstration de M. G. soit probante. Mais on ne pourra ignorer sa discussion. Et outre la thèse principale qui est curieuse, l'ouvrage renferme quantité de discussions de détail. Ce qui est dit par exemple de l'influence de substrat sur le développement des langues, et en particulier du substrat gaulois de certains parlers romans doit attirer l'attention de tous ceux qui s'intéressent à ces questions.

A. Meillet.

Berthold Wiese. — *Altitalienisches Elementarbuch,* ix-320 pp. K. Winter, Heidelberg. — H. Tiktin. — *Rumänisches Elementarbuch*, viii-228 pp. K. Winter, Heidelberg. — O. Schultz-Gora. — *Altprovenzalisches Elementarbuch,* x-187 pp. K. Winter, Heidelberg. — Adolf Zauner, *Altspanisches Elementarbuch,* xi-189 pp. K. Winter, Heidelberg· — Sextil Puscariu. — *Etymologisches Wörterbuch der Rumänischen Sprache, I Lat. Element.*, xv-235 pp. K. Winter, Heidelberg.

La collection que M. Meyer-Lübke a si brillamment inaugurée par son « Introduction à l'étude de la linguistique romane » s'est enrichie depuis 1904 des cinq volumes cités (nous ne nous occupons pas de la série consacrée à l'histoire littéraire). Il suffira de signaler le dictionnaire étymologique de M. P. en laissant à de plus compétents le soin de relever les erreurs qu'il pourrait contenir et en nous contentant de dire que, malgré la 3e édition récente du Körting, il sera très utile, en raison des nombreuses formes dialectales qu'il nous offre, et que, de toute manière, l'auteur a suivi une méthode plus satisfaisante que Körting, dont les matériaux sont par trop hétérogènes.

Les quatre autres volumes sont destinés aux étudiants, qui débutent dans l'étude des langues romanes. Les auteurs se sont simplement proposés d'offrir aux débutants un exposé clair, succinct et à peu près complet des particularités linguistiques de la langue, à laquelle chaque volume est consacré.

Ces quatre volumes sont semblablement divisés en deux parties, dont la première est l'étude grammaticale et la seconde un recueil de textes choisis avec quelques indications bibliographiques et les explications jugées indispensables. Les grandes lignes du plan de la première partie sont également semblables ; après une courte introduction viennent successivement la phonétique, la morphologie et la syntaxe. On ne trouvera pas dans ces ouvrages l'originalité, qui caractérise l'Introduction de M. M.-L., originalité qui ne va pas sans inconvénient pour le débutant. Mais s'ils apportent moins de nouveauté dans la science linguistique, par là même ils atteignent mieux le but que se propose la collection. Pour cette raison aussi, ils exigent un compte rendu moins approfondi que leur prédécesseur, et peuvent être étudiés ensemble et par une seule personne, en laissant de côté les critiques de détail et en examinant seulement si la composition et la méthode sont partout satisfaisantes.

L'introduction donne la bibliographie des livres essentiels à connaître, un bref historique de la langue et dénombre les dialectes, en notant leurs traits caractéristiques. Les légères différences qu'on peut relever tiennent à la position différente des deux dernières questions dans les quatre domaines étudiés. Ainsi l'historique du roumain et de l'espagnol est plus important que celui de l'italien ; d'autre part, l'ancien provençal étant la langue littéraire des troubadours, M. S.-G. n'avait pas à faire la classification des anciens dialectes méridionaux ; M. W. donne simplement la classification des dialectes modernes, parce que son volume est consacré à l'ancien italien ; mais puisque dans le cours de l'ouvrage, les dialectes, surtout il est vrai, ceux de l'Italie centrale et septentrionale sont fréquemment étudiés, on ne voit pas pourquoi il n'a pas résumé leurs traits essentiels en tête, comme l'a fait M. T. La seule raison qu'on pourrait invoquer est que M. W. n'a signalé que les faits dialectaux qui se trouvent dans les textes de la chrestomathie ; mais, pour un manuel élémentaire, le motif n'est pas excellent. On regrette aussi de ne trouver aucune indication autre que bibliographique sur les dialectes méridionaux.

La phonétique est précédée d'un exposé de l'orthographe et de la prononciation. M. T. a dû parler des différentes orthographes qui se sont disputé et se disputent la suprématie en Roumanie et aussi de l'écriture cyrillique (en caractères slaves). M. Zauner consacre également quelques mots à la graphie des textes aljamiados (en écriture arabe). La morphologie contient, dans les quatre ouvrages, une courte formation des mots, qui suit, dans M. T. et dans M. W., d'après leur propre indication, le plan de M. Lübke dans sa Grammaire des Langues Romanes, plus rigoureusement que ne le font les deux autres ouvrages.

Le plan de la syntaxe des différents volumes est plus varié. MM. T. (p. 110) et W. (p. 160) disent formellement qu'ils suivent le plan de la syntaxe de M. M. L., en étudiant uniquement les faits que contiennent les textes de la chrestomathie. Toutefois M. W., à cet égard, s'est contenté de trop peu ; sa syntaxe n'est que la classification des faits relevés dans les textes, sous des rubriques courtes et imprimées en gros caractères, sans autre explication, au moins dans la grande majorité des cas. Les chapitres, au nombre de six, sont ainsi trop étendus et contiennent trop de rubriques. M. T., dont la syntaxe est divisée en un nombre égal de chapitres, a eu raison de conserver les subdivisions de ces chapitres, quoique la terminologie en soit peut-être parfois difficile pour des débutants.

MM. S.-G. et Z. n'ont pas procédé tout à fait de même. Sans doute ils se sont inspirés du plan de la syntaxe de M. M.-L. mais ils n'ont pas employé sa terminologie aussi rigoureusement que M. T. S'ils ont appuyé leur étude sur les textes de leur chrestomathie, et si la plupart de leurs exemples doivent y être empruntés, ils ne s'y sont pas tenus aussi étroitement, et ils se sont tous deux efforcés de donner un exposé, moins riche en matière, mais plus simple et plus clair. C'est sans doute intentionnellement qu'ils n'ont pas donné les références des exemples choisis, pour laisser à l'exposé un caractère moins philologique et plus didactique. M. Z. a employé la méthode et la classification de M. S.-G., mais en faisant quelques déplacements. C'est ainsi, entre autres, que tout le chapitre intitulé « Les parties du discours fléchies » (§ 162-189), qui est le premier chapitre de la syntaxe de M. S.-G., est devenu le dernier chapitre de la morphologie de M. Z. sous le titre « Emploi des formes ».

Les lexiques, qui complètent ces ouvrages, sont également différents. Ceux de MM. W. et S. G. se rapportent uniquement aux textes, et sont suivis tous deux d'une table de mots, qui renvoie à la grammaire. M. Z. combine les deux lexiques. Seul M. T. a fait un lexique étymologique.

Si toutes ces différences sont plus externes que fondamentales, encore qu'on pourrait souhaiter plus d'unité, il est une question plus importante que soulèvent la phonétique et en partie la morphologie, et qui a été également résolue de plusieurs façons. Pour des raisons d'ordre pédagogique, dit M. T. dans sa préface, et sur le désir de M. M. L., ajoute M. W., l'étude part de l'état actuel de la langue et remonte aux origines. C'est ce que fait également M. Z., tandis que M. S.-G. a suivi la méthode inverse. M. Z. termine, il est vrai, sa phonétique par un exposé succinct (pp. 56-64) de l'évolution des sons de l'espagnol en partant du latin vulgaire. M. S.-G., inversement, examine brièvement les voyelles toniques de l'ancien provençal (pp. 22 à 25) en remontant au latin vulgaire, mais il ne le fait pas pour les autres sons. Si les raisons pédagogiques qui militent en faveur de la première méthode, sont très importantes on ne s'explique pourquoi M. S.-G. s'y est soustrait. Il est sans doute inutile d'ouvrir une discussion sur les avantages et les inconvénients des deux méthodes. Le directeur de la collection et la majorité des auteurs des grammaires ont pensé que le débutant passe plus aisément de l'état actuel aux sources. On peut être sceptique sur ce point et trouver que la confusion de l'exposé, inhérente à la méthode, n'est pas de nature à faciliter le travail des débutants. La lecture de la phonétique roumaine de M. T. est instructive à cet égard. Avec la méthode préconisée, on apprend sans doute beaucoup de faits ; mais ils ne sont pas classés méthodiquement, et l'on charge sa mémoire plus qu'on n'ouvre son esprit.

On pourrait même ajouter que la mémoire retiendrait plus aisément des faits qu'une classification systématique rendrait plus intelligible.

Tout ceci n'est pas dit pour diminuer la valeur de ces volumes, composés par des auteurs compétents, et qui seront non seulement indispensables aux débutants, mais utiles à ceux qui ont une connaissance plus avancée de la linguistique romane.

Oscar Bloch.

M. Grammont. — *Petit traité de versification française.* Paris, 1908, pet. in-8°, 142 p.

Ce traité où M. Grammont expose l'évolution et les règles de la versification française, et du coup fait apparaître la solution de problèmes obscurcis par le manque de méthode, est en partie un résumé du grand ouvrage du même auteur sur le *Vers français.* Œuvre d'un linguiste original, il est singulièrement personnel et propre à ouvrir des aperçus nouveaux aux lecteurs auxquels il est destiné. En même temps que les conditions linguistiques de la structure des vers y sont analysées avec une compétence qui manque trop souvent aux auteurs d'ouvrages de ce genre, on y sent partout l'amateur qui goûte la poésie et sait la faire comprendre aux autres. Les littérateurs qui croient que la linguistique détourne de la poésie pourront apprendre là que le linguiste sait trouver des raisons d'admirer qui n'apparaissent pas aux profanes : le petit manuel de M. G. est un chef-d'œuvre d'application de la linguistique.

A. Meillet.

L. Sainéan. — *L'argot ancien* (1455-1850). Ses éléments constitutifs, ses rapports avec les langues secrètes de l'Europe méridionale et l'argot moderne. Paris (Champion), 1907, in-8°, vii-350 p.

On a beaucoup écrit sur l'argot français ; mais presque aucun des auteurs qui s'en sont occupés n'a appliqué à ce sujet, difficile entre tous, les règles d'une bonne méthode philologique ; ils se sont en général copiés les uns les autres, et ont enrichi l'argot de leurs fautes d'impression successives. M. Sainéan ne trouve à retenir que deux publications : les *Études*, de Fr. Michel, et l'article de M. Schwob et G. Guieysse (du tome VII de nos *Mémoires*), suivi de l'étude — malheureusement inachevée — du regretté M. Schwob sur les ballades de Villon. Comme l'indique le titre, M. S. ne s'est pas proposé d'apporter de nouvelles observations personnelles ; il n'utilise que des sources imprimées, mais en leur appliquant une critique exacte et les principes de la linguistique ; il ne s'est pas proposé non plus de déterminer quelles conditions sociales, quels faits historiques ont fait créer l'argot et en ont dirigé le développement ; il n'a voulu faire œuvre que de philologue et de linguiste. Ainsi limité, l'objet du livre reste important, et les conclusions de l'auteur présentent beaucoup d'intérêt. Le vocabulaire argotique apparaît désormais beaucoup moins étrange et moins romantique qu'on ne se plaît souvent à l'imaginer. Vieux mots, mots dialectaux, emprunts aux autres argots romans, termes détournés de leur sens, pour la plupart par dérivation synonymique et suivant certains modèles définis, presque tout s'explique naturellement et suivant des procédés linguistiques connus ; l'argot est la langue d'un groupe spécial, non une langue artificielle. Schwob et Guieysse avaient très bien analysé les procédés de dérivation et de développement de sens de l'argot ; Schwob a mis en évidence l'intérêt capital du premier sommet connu de l'argot français, le glossaire du procès des Coquillards. Le mérite essentiel du nouvel ouvrage de M. S. est dans la détermination précise des sources dialectales et étrangères du vocabulaire argotique et dans l'application de la méthode philologique à l'étude des sources. Après les articles de Schwob et Guieysse et le livre de M. Sainéan, l'étude scientifique de l'argot est fondée et l'ère des amateurs est finie. Il reste d'ailleurs beaucoup à faire pour déterminer quand, comment, en quelles conditions l'argot s'est créé et développé.

A. Meillet.

J. Vendryes. — *Grammaire du viel irlandais (phonétique — morphologie — syntaxe).* Paris, 1908, in-4°, x + 408 p.

S'il est un livre dont le besoin se faisait sentir, c'est bien certainement celui que M. J. Vendryes vient de nous donner. Alors qu'entre toutes les langues indo-européennes anciennes la plus difficile à débrouiller peut-être est le vieil irlandais, dont la phonétique semble faite pour déconcerter par les aspects inattendus qu'elle prête aux mots, dont la morphologie est pleine de formes anormales et d'alternances surprenantes, c'est le vieil irlandais précisément qui manquait de manuel. La *Grammatica Celtica,* livre admirable mais lourd et compact, n'était rien moins qu'un guide à l'adresse des profanes ;

la grammaire irlandaise de M. Windisch n'était plus à jour ; les *Old Irish paradigms* de M. Strachan, ne sont que des paradigmes. Tous les travaux des vingt-cinq dernières années, fort nombreux et parfois de toute première importance, restaient épars, quelquefois difficilement accessibles ; il était temps de faciliter l'étude de l'irlandais.

C'est chose faite maintenant. Les linguistes qui étudient les langues indo-européennes, et plus particulièrement les langues occidentales de la famille, ne seront plus exposés désormais à laisser de côté le représentant principal du celtique, faute de temps et faute d'instrument de travail : ils pourront tous s'initier au système grammatical si curieusement original du vieil irlandais et apprendre à connaître le voisin et proche parent à la fois du germanique et de l'italique. Ils ont à leur disposition un guide aussi sûr que complet, aussi clair que sobre. Pour les celtisants, ils ont enfin entre les mains la grammaire coordonnée, mise à jour, de la principale d'entre les langues celtiques, de celle dont la connaissance demeure indispensable. M. Dottin, qui est professeur à Rennes et qui est lui-même l'un des meilleurs celtisants que nous ayons en France, a dit de façon excellente et avec une compétence de tout premier ordre combien il estimait le manuel de M. J. Vendryes[1]. Il serait difficile d'ajouter quelque chose à ce qu'il a dit avec une autorité à laquelle ne sauraient prétendre que bien peu d'autres.

Mais il est impossible de ne pas signaler que la *Grammaire du viel irlandais*, dont il s'agit ici, pour être l'œuvre d'un comparatiste, n'en est pas moins strictement descriptive. Elle ne prétend pas à rendre compte de quoi que ce soit, à expliquer aucune particularité du celtique et plus spécialement de l'irlandais ; on n'y trouve ni comparaison d'aucune sorte, ni recherche historique. Elle tâche uniquement à exposer le système grammatical de la langue étudiée à une date donnée, dans l'espèce la

1. Voir *Revue Critique*, 42e année, p. 422 et ss. Voir, en particulier, à la page 424 le relevé de quelques fautes d'impressions, dû pour une part à M. Dottin, pour une autre à M. J. Vendryes lui-même.

plus ancienne à laquelle elle soit attestée. Elle montre comment en jouent les divers rouages, comment en alternent les formes, et s'efforce de saisir la langue telle qu'elle était dans la conscience du sujet parlant. Cette grammaire du vieil irlandais est faite pour le vieil irlandais seul, et au moyen du vieil irlandais ; et elle inaugure une collection linguistique qui doit être toute entière rédigée dans le même esprit qu'elle. Nous souhaitons que les langues qui, par la suite, seront exposées d'après les mêmes principes, de façon descriptive, le soient avec autant de sûreté et d'originalité que vient de l'être le vieil irlandais.

Rob. Gauthiot.

Táin bo Cúailnge. — Enlèvement [du taureau divin et] des vaches de Cooley, la plus ancienne épopée de l'Europe occidentale. Traduction par H. d'Arbois de Jubainville. Première livraison. Paris, 1907, in-8°, 83 p. et un frontispice.

La publication complète de *Táin bo Cúailnge* et la traduction de ce texte par M. Windisch ont été le principal événement de la philologie irlandaise dans les dernières années. M. H. d'Arbois de Jubainville entreprend maintenant de rendre ce texte capital accessible au public français par une traduction aisée et coulante. De plus il l'a fait précéder d'une intéressante introduction où il rapproche l'épopée irlandaise de l'épopée homérique et étudie quelques problèmes historiques. Il montre par exemple comment les Gaulois se sont établis en Irlande, où nous est signalée une ville de *Manapia,* dont le nom ne saurait être irlandais.

A. Meillet.

J. Schatz. — *Altbairische Grammatik, Laut- und Flexionslehre (Grammatiken der althochdeutschen Dialekte,* I. Band), Göttingen, 1907, in-4, vi-183 p.

Tout le monde sait que le vieux haut allemand n'est pas

une langue, mais que l'on réunit sous ce nom plusieurs dialectes assez divergents. C'est là un fait qui ressort avec la plus grande clarté de la grammaire du vieux haut allemand la plus répandue, et la meilleure, celle de Braune; il était inévitable, en effet, qu'en étudiant d'assez près les documents du vieux haut allemand, en les mettant en œuvre avec une rigueur vraiment scientifique, on ne vît pas se dessiner peu à peu des frontières dialectales, et se constituer des groupes divers sous l'unité trompeuse apparente à première vue seulement. Aussi l'idée devait-elle se produire un jour de remplacer la grammaire du vieux haut allemand par une série de grammaires des dialectes du vieux haut allemand, telle que celle qui vient de commencer à paraître à Göttingen, chez les éditeurs Vandenhoeck et Ruprecht.

Pour le dialecte bavarois, qui a été le premier traité, on avait bien l'excellent ouvrage de Weinhold ; mais il était évident depuis assez longtemps déjà que c'était là un livre qui avait fait son temps et qu'il était devenu nécessaire de remplacer par un autre. M. Schatz, qui s'était déjà antérieurement occupé du dialecte tyrolien, pour qui le bavarois n'était pas, par conséquent, un domaine nouveau, s'est chargé de faire la nouvelle grammaire et il y a heureusement réussi. Grâce à des exemples très nombreux, mais adroitement distribués, il a réussi à faire apparaître avec clarté les différences de langue qui se manifestent à l'intérieur même du vieux bavarois et à donner une image assez exacte de la complication extrême de ce qui s'appelle un dialecte vieux haut allemand. D'ailleurs, la disposition du livre, qui est simple et traditionnelle, en rend l'usage en somme facile.

Il y a bien quelques anomalies. Ainsi, M. Schatz, dans sa phonétique, part, en règle générale, des phonèmes du germanique ou du germanique occidental, c'est-à-dire de l'état immédiatement antérieur à celui du dialecte dont il expose le système ; il dit, par exemple, que germ. occ. *ā* est conservé, que germ. *ō* se diphtongue en *uo* en vieux bavarois. Mais à propos de la diphtongue *ai*, il change de mode d'exposition ; au lieu de partir du vocalisme de la période antérieure, il expose qu'il existe des longues d'origine récente et, renversant sa marche, il remonte de leur état bavarois à leur origine germanique ; ainsi pour $\bar{e}$ et $\bar{o}$ issus de *ai* et de *au*. Par la suite, il reprend d'ailleurs son procédé d'exposition ordinaire, pour montrer quel est l'aboutissant en quelque sorte normal de *ai* et de *au* (v. p. 21 et suiv.). Ce défaut d'unité dans l'exposition a entraîné, à ce qu'il semble, un petit oubli. Celui des mots comme *ei, zwei, dei, screi.*

Mais ce sont là des points de détail et l'utilité du livre de M. Schatz ne se trouve pas entamée. Il faut espérer qu'il trouvera bon accueil et que la collection à laquelle il appartient, et qui répond à un besoin, se complètera rapidement.

Rob. GAUTHIOT.

Wenzel VONDRÁK. — *Vergleichende slavische Grammatik, II Band, Formenlehre und Syntax* (in-8, XIV-548 p., Göttingen, 1908).

Le second volume de la *Grammaire comparée des langues slaves* de M. Vondrák a suivi de près le premier : voici qu'après la *Phonétique* et l'*Étymologie,* parues à la fin de 1906, nous sommes dès maintenant en possession de la *Morphologie* et de la *Syntaxe.* Sans doute l'auteur avait-il dès longtemps rassemblé ses matériaux et mûri son œuvre, mais on est malgré tout quelque peu surpris de le voir si expéditif : c'est au lecteur de décider s'il convient de s'en réjouir ou de le regretter.

M. Vondrák a prétendu nous donner, en suivant le plan d'une grammaire comparée, la somme de nos connaissances relatives à la morphologie et à la syntaxe des langues slaves. On sait que, depuis Miklosich, grâce aux travaux accomplis dans chaque domaine par des savants tels que MM. Šaxmatov, Sobolevskij, Karskij, Smal'-Stockyj pour le russe, le russe blanc et le petit russe, Kalina, Baudoin de Courtenay, Kryński, Gebauer, Bartoš pour le polonais et le tchèque, Mucke pour le sorbe, Iliev, Miletič, Oblak, Maretić, Novaković, Rešetar pour le bulgare et le serbo-croate, etc., la masse des faits connus n'a pas cessé, tout en devenant plus accessible, de s'accroître et de se compliquer. Assurément la difficulté est-elle grande de présenter ces faits en groupements synthétiques, sans toutefois en déguiser la multiplicité et en en facilitant (par des renvois bibliographiques) l'étude détaillée et approfondie dans chaque langue. Or c'est de quoi M. Vondrák n'a pas su venir à bout. Le manque d'équilibre et l'incertitude de système caractérisent aussi bien la seconde partie de son ouvrage que la première : telle question est singulièrement écourtée ou même passée sous silence (et c'est là un cas fréquent), telle autre prend un développement disproportionné, sans d'ailleurs y gagner en clarté, faute d'une analyse suffisamment méthodique.

Quelques notes prises en lisant la *Morphologie* confirmeront ces critiques. Ainsi, p. 12, le sort du génitif singulier en *-a* des thèmes en *-o-*, diminué par le développement du génitif en *-u* des thèmes en *-u-*, est exposé, bien que d'une manière un peu embrouillée, dans le détail ; mais, à la même page, on ne trouve que trois lignes et demie concernant le datif singulier des thèmes en *-o-*, avec une allusion paraissant impliquer que la désinence *-ovi*, empruntée aux thèmes en *-u-*, a été étendue à tous les dialectes (on sait que cette désinence est loin d'avoir été complètement généralisée en tchèque et en polonais, qu'elle n'a eu qu'un développement nul en grand russe, etc.). De même on ne saurait trop déplorer, après les indications données à la p. 12 sur l'extension du génitif-accusatif singulier des thèmes en *-o-*, l'absence de toutes indications correspondantes, à la p. 25, sur le génitif-accusatif pluriel des mêmes thèmes : c'est à la p. 341 de la *Syntaxe* qu'il faut se reporter pour combler cette lacune, bien qu'il s'agisse d'un fait intéressant au plus haut point la morphologie, tout en étant peut-être d'origine syntaxique (M. Vondrák accepte l'opinion de M. Berneker, cf. p. 339). Notons aussi, à côté de ces bizarreries déconcertantes de plan, ce qu'une rédaction trop implicite prête d'obscur et d'équivoque à certaines assertions : comment admettre par exemple, à la p. 42, que le même type masculin accentué sur la finale aux cas obliques du pluriel (*gorodám, dubám*) n'ait pas uniformément adopté, sous l'influence de ces mêmes cas obliques, le nominatif pluriel en *-á* (*gorodá, dubý*), sans essayer de déterminer quelles influences ont pu limiter les progrès de *-á*? — ou bien encore le lecteur mal informé ne manquera-t-il pas de conclure du premier paragraphe de la p. 65 que *put'* s'est, en russe, entièrement approprié le genre féminin, ce qui n'est exact que pour le parler populaire de certaines régions, le masculin s'étant par ailleurs strictement maintenu? — et enfin la courte mention constatant à la p. 48 la fusion, en russe, des thèmes en *-u-* avec les thèmes en *-o-* ne comportait-elle pas au moins une restriction, à savoir la forme figée *domoj*, ancien datif de direction à rapprocher du tchèque *domovi*, cité à la p. 361 (*domovi*=*domoj*, comme dans certains dialectes polonais *końoui*=*końoi*)? Quant aux chapitres consacrés au verbe, ils ont aussi le défaut d'avoir été très inégalement développés et, par suite, de ne point présenter un tableau d'ensemble rigoureusement complet : la question de l'aspect, entre autres, traitée jadis avec ampleur par Miklosich et reprise depuis par MM. Jagić, Meillet et Bœhme, a été si négligée par M. Vondrák qu'on ne trouve même pas dans sa grammaire l'énumération des perfectifs simples de chaque langue (il n'y est tenu compte que du vieux slave de l'Évangile).

La *Syntaxe*, notablement écourtée par rapport à celle de Miklosich, offre une collection rajeunie d'exemples et renferme quelques indications nouvelles, dont nous sommes surtout redevables aux travaux de Potebnja et de M. Jagić. Certains points de première importance ont malheureusement été étudiés par l'auteur avec trop de hâte, ainsi le chapitre de l'emploi des temps, où l'on s'étonne de ne point retrouver au moins quelques-unes des vues ingénieuses de M. Uljanov, un des plus profonds connaisseurs, à ce qu'il nous semble, de la question. D'autre part, il est permis de n'être point convaincu par telle assertion brève et tranchante, comme celle de la p. 274, attribuant au vieux slave de l'Évangile un présent historique (contrairement à l'opinion de Miklosich et de M. Meillet), et cela sur la foi d'exemples autrefois cités et interprétés par M. Meillet lui-même. Enfin quelques lacunes pourraient être signalées, ne fût-ce par exemple que l'absence d'indications sur la syntaxe du genre (ce qui est dit p. 63 sqq. intéresse plutôt la morphologie) : il eût été utile de mentionner, entre autres faits éminemment slaves, certains emplois du neutre en polonais (« *klęklišmy oba, jedno obok drugiego* », écrit Sienkiewicz au lieu de « *jeden obok drugiego* ») et dans les chansons serbes.

Malgré ces imperfections, le livre de M. Vondrák est appelé à rendre les plus grands services, car il constitue le premier essai de grammaire *comparée* des langues slaves et doit, sans nul doute, faciliter le succès de tous les essais qui pourront être faits ultérieurement. Il est toutefois fâcheux que l'insuffisance des indications bibliographiques et des renvois aux divers chapitres de l'ouvrage en diminue l'utilité pratique.

André Mazon.

Stat'i po slavjanovêdêniju. — Vypusk II, sous la direction de V. I. Lamanskij. Pétersbourg, 1906, in-4°, 391 p.

Les *Izvêstija* et le *Sbornik*, dont on sait l'importance pour la philologie slave, ne suffisent pas à absorber tous les travaux de valeur que désire publier la section de langue et littérature russes de l'Académie de Saint-Pétersbourg. Sous la direction de M. Lamanskij, elle a publié un grand recueil d'articles, dont voici maintenant le second fascicule. Ce fascicule renferme nombre d'articles intéressant la linguistique slave : de M. Belić, sur la dialectologie serbe ; de M. Pastrnek, sur un dialecte slovène ; de M. Il'inskij, sur un texte de l'évangile slave ; de M. Miletić, sur les voyelles nasales en bulgare ; de M. Asboth, sur des emprunts magyars au slave ; de M. Korsch, sur la métrique slave ; et même quelques pages de l'auteur du présent compte rendu.

A. Meillet.

Trakhtenberg. — *Blatnaja muzyka (žargon tjurmy)*. Pétersbourg, 1908, in-8°, xix-116 p.

Ce petit volume renferme un vocabulaire de l'argot des malfaiteurs russes ; les matériaux ont été recueillis dans les prisons russes. Le vocabulaire est complété par des proverbes et quelques textes. Comme l'indique M. Baudouin de Courtenay dans la préface qu'il a mise en tête de l'ouvrage et où il montre bien l'intérêt du sujet, l'auteur n'est visiblement pas un linguiste ; mais on devra lui savoir gré d'avoir recueilli et publié des faits nouveaux. En même temps que les parlers locaux, il importe au plus haut point de recueillir toutes les langues spéciales ; il y a là une étude qui a été trop négligée et qui seule peut permettre de résoudre certains problèmes posés par le développement des langues.

A. Meillet.

Fr. Lorentz. — *Slovinzisches Wörterbuch*. Erster Theil. Saint-Pétersbourg, 1908, in-8°, iv-738 p. (publication de l'Académie des sciences de Saint-Pétersbourg).

La section de langue et littérature russe de Saint-Pétersbourg, qui a déjà publié la grammaire et les textes slovinces de M. Fr. Lorentz, édite maintenant la première moitié du dictionnaire de cette langue, sauvant ainsi pour l'avenir les derniers restes de ces parlers en voie de disparition. Il suffit de signaler ici cette importante publication.

A. Meillet.

Enciklopedija slavjanskoj filologii, fasc. 12. Saint-Pétersbourg, 1908, grand in-8°, xiv-132 p.

La très active section de langue et littérature russes de l'Académie de Saint-Pétersbourg a entrepris de publier, sous la direction de l'illustre slaviste de Vienne, M. Jagić, une grande encyclopédie de la philologie slave. Il ne s'agit de rien moins que d'exposer tout l'ensemble des résultats acquis par la philologie slave au début de ce siècle. A qui connaît l'état de dispersion des publications slaves, la difficulté qu'on éprouve à en dresser la bibliographie et à les réunir, il est inutile de dire quels services rendra cette entreprise, si l'on réussit à la mener à bonne fin.

Le premier fascicule qui vient de paraître renferme un avertissement de M. Jagić, qui indique les vues de la direction de l'entreprise, et un plan de la première partie, consacrée à la linguistique slave. Il y aura tout d'abord une introduction générale comprenant un historique de la philologie slave et un exposé du développement de la graphie du slave. La partie proprement linguistique est divisée en trois sections : 1° Questions communes à l'ensemble du slave. — 2° Les langues slaves considérées isolément au point de vue grammatical. — 3° Rapports des langues slaves entre elles et avec les langues voisines. — Cette division est malheureusement peu satisfaisante : on ne saurait séparer l'histoire des langues de l'étude des influences qu'elles ont subies, et il est inévitable qu'il se produise beaucoup de répétitions ; le fascicule déjà publié le montre déjà : en exposant la formation du russe littéraire, M. Budde n'a pu se dispenser d'étudier les emprunts au vieux slave, au polonais, à l'allemand, au français, etc., toutes questions qui doivent être traitées séparément par d'autres auteurs. Il aurait mieux valu présenter chacune des langues dans son développement historique.

Chacune des divisions est de nouveau divisée en un grand nombre de fragments confiés chacun à un auteur différent. Dans certains cas, ces subdivisions sont imposées par la nature des choses et rendront seules possible l'achèvement de la grande entreprise de l'Académie ; ainsi la division de l'étude du vieux slave en historique, vieux slave des plus anciens documents, vieux slave mêlé aux divers dialectes : morave, bulgare, serbe, etc. Ailleurs, il est permis de se demander s'il n'y a pas excès de divisions et s'il n'en résultera pas des confusions : Comment M. Zubaty marquera-t-il la place du slave dans le groupe indo européen sans empiéter sur la grammaire du slave commun qui est confiée à M. Fortunatov ? Que sera un chapitre de l'accentuation slave séparé de la grammaire ? La place de l'accent est, en slave, l'une des caractéristiques essentielles d'une forme grammaticale. En traçant le plan, on semble s'être soucié moins d'établir un classement rationnel des matières que de permettre aux auteurs d'utiliser les notes qu'ils ont déjà recueillies, et en partie publiées ailleurs. L'inconvénient n'était pas facile à éviter par suite du petit nombre des savants qui étudient la plupart des parties de la linguistique slave. Mais il en résultera que, excellents sans doute, beaucoup de chapitres manqueront un peu de nouveauté et présenteront en russe sous une forme un peu différente des choses qui ont été exposées ailleurs par les mêmes auteurs.

Quoi qu'il en soit, on attendra avec impatience les différentes parties d'un ouvrage dont le nom des auteurs (Jagić, Leskien, Fortunatov, Baudouin de Courtenay, etc.) suffit à faire prévoir l'intérêt. On a décidé de faire paraître les fascicules au fur et à mesure qu'ils seraient prêts, sans tenir compte de leur place dans l'ensemble. Et c'est ainsi que le premier fascicule paru porte le numéro 12 et fait partie de la seconde section de la linguistique, 3e subdivision (langue russe). M. Budde y expose avec clarté la création de la langue littéraire russe. On souhaitera, avec l'illustre éditeur, M. Jagić, que le zèle de M. Budde soit imité par ses collaborateurs et que les fascicules se succèdent rapidement. Mais il sera sans doute sage de n'avoir à cet égard ni de trop grandes exigences ni trop d'illusions.

A. Meillet.

KUL'BAKIN. — *Oxridskaja rukopis' Apostola konca XII věka* (gr. in-8, 8-CXXXVI-140 p., avec 8 tables non paginées, édition de la Commission Archéographique près le ministère de l'Instruction publique, Sophia, 1907).

Le manuscrit moyen bulgare qu'édite pour la première fois dans son entier M. Kul'bakin appartient à la collection du musée Rumjancov de Moscou : découvert par Grigorović à Oxrida (Macédoine), sommairement étudié par Šafařík et Sreznevskij qui en avaient publié quelques fragments, ce texte n'avait pas eu jusqu'à présent la fortune d'être examiné d'aussi près qu'il convenait. M. Kul'bakin nous en donne la description paléographique la plus minutieuse et, se fondant avant tout sur cette description, en discute la date. L'opinion de M. Ščepkin, suivant laquelle le manuscrit en question et le Psautier de Bologne, présentant un type d'écriture d'égale ancienneté, remonteraient tous deux à la première partie du XIIIe siècle, ne paraît pas devoir être acceptée, car la date même du Psautier est douteuse : on sait en effet que ce dernier a été écrit sous le règne d'Asěnĭ, mais sans pouvoir déterminer avec certitude s'il s'agit d'Asěnĭ I ou d'Asěnĭ II. M. Kul'bakin incline à penser avec Sreznevskij, et contrairement à l'avis de MM. Drinov, Jireček et Ščepkin, que le Psautier aussi bien que l'Apôtre d'Oxrida doivent être rapportés au règne d'Asěnĭ I, c'est-à-dire à la fin du XIIe siècle. Cette hypothèse est confirmée à ses yeux par l'examen paléographique des manuscrits bulgares et serbes des XIIe et XIIIe siècles. L'étude linguistique du texte est aussi méticuleuse et aussi poussée que possible : sans apporter, à vrai dire, de faits nouveaux, elle doit certainement contribuer à préciser ce qu'on sait du moyen bulgare. On ne saurait trop louer l'auteur de l'habileté, et aussi de la prudence, avec laquelle il a fait usage des données de la dialectologie macédonienne pour déterminer le lieu d'origine de son manuscrit.

André MAZON

Aleksander Brückner. — *Dzieje języka polskiego* (tome III de la collection *Nauka i sztuka, wydawnictwo towarzystwa nauczycieli szkół wyższych we Lwowie*), in-8, 186 p. avec nombreuses illustrations, 1906.

L'histoire de la langue polonaise que nous offre M. Brückner est plutôt destinée aux amateurs lettrés qu'aux grammairiens spécialistes. Ces derniers y trouvent néanmoins un essai de synthèse intéressant et exécuté avec talent. A défaut d'œuvre d'ensemble réellement scientifique sur le même sujet, ce livre est précieux par les vues générales qu'il suggère. On pourra facilement compléter les données grammaticales, souvent trop brèves, qu'il renferme, en se reportant à la 4e édition de la *Gramatyka języka polskiego* de M. Kryński (Warszawa, 1907), ouvrage excellent au point de vue des questions de morphologie, mais où la phonétique a été singulièrement négligée.

André Mazon.

S. Simonyi. — *Die Ungarische Sprache. Geschichte und Charakteristik.* K. J. Trübner, Strasbourg, 1907, in-8, VIII + 443 p. avec 1 planche.

Le hongrois est assurément bien fait pour attirer l'attention et pour éveiller la curiosité. Son histoire seule est déjà remarquable ; son introduction récente en Europe, son installation brutale dans la plaine danubienne entre l'allemand et le roumain, au milieu des Slaves déchirés et rejetés vers le Nord et le Sud, les vicissitudes politiques du peuple tenace qui en a fait aujourd'hui l'une des langues nationales officielles de l'Europe, tout cela lui vaut et lui a valu déjà l'intérêt de bien des Occidentaux, qui, sans étudier proprement le hongrois, ont du moins le désir d'être renseigné, avec exactitude sur son origine, son développement, sa constitution. D'autre part, il n'est pas de linguiste qui n'ait besoin, dans une mesure plus ou moins large, de connaître ce qu'est le hongrois ; au point de vue le plus général, c'est en effet le moyen d'avoir un aperçu du système grammatical d'une famille de langues différente de l'indo-européen ou du sémitique, grâce à l'un de ses dialectes les mieux développés et les plus répandus. Plus particulièrement, c'est l'introduction naturelle à la connaissance de la grammaire comparée des langues finno-ougriennes dont la constitution propre d'abord, dont les rapports encore insuffisamment définis avec le samoyède d'une part et les langues turco-tatares de l'autre, dont les vieilles et longues relations avec l'indo-européen enfin, sont également dignes d'être étudiées de très près et ne peuvent en tout cas pas rester ignorées, même des profanes.

Malheureusement il n'y avait pas d'ouvrage jusqu'ici qui fût de nature à répondre à cette attention et à satisfaire cette curiosité. S il existe un grand nombre de grammaires hongroises en allemand, aucune n'est scientifique, sauf celle de Mansuet Riedl, vieille d'un demi-siècle déjà ; Nicolas Révai et François Verseghy ont écrit en latin. D'ailleurs une grammaire complète c'est à la fois trop et trop peu ; et on peut renvoyer à d'excellents ouvrages en hongrois ceux qui veulent pousser plus avant l'étude de cette langue. Ce qu'il faut, c'est un livre qui s'appuie sur la linguistique générale et sur les faits familiers aux Européens cultivés de langue indo-européenne ; qui mette en relief les particularités du hongrois et des langues congénères ; qui retrace rapidement son histoire et qui, donnant tout l'essentiel, ne donne rien que d'assuré. Ce livre, M. Sigismond Simonyi, le professeur de langue et de littérature hongroise à l'Université de Budapest, l'a donné. Reprenant l'ouvrage qu'il avait fait paraître en hongrois (*A magyar nyelv*, [1]1889, [2]1906), il l'a adapté aux besoins d'un public étranger de telle façon que l'on ne peut que l'en louer.

Le livre comprend deux parties : l'histoire de la linguistique et l'histoire de la langue hongroise. Dans la première il est traité successivement de l'origine du hongrois et de son parentage, de ses relations avec les langues étrangères, aryennes, turco-tatares, slave, allemande, italienne, latine et autres, des documents où sont conservées les formes les plus anciennement attestées de la langue, de la langue populaire et de ses dialectes, enfin de la langue littéraire, de son renouvellement et de sa correction. Dans la seconde partie, M. S. expose le système phonétique du hongrois, ses moyens d'expression, sa morphologie et sa syntaxe dans leurs traits principaux. L'exposition est généralement claire bien qu'un peu touffue ; les exemples sont nombreux, ce qu'on ne saurait trop louer. Et chose précieuse, à chaque chapitre est jointe une bibliographie résumée, mais assez complète néanmoins, substantielle et surtout critique.

Pour finir il convient de signaler comme trait particulier du livre de M. S. le souci constant de l'auteur de comparer le hongrois et les langues finno-ougriennes aux langues indo-européennes tant anciennes que modernes. C'est ainsi qu'il relève avec soin que le nom et le verbe sont tout aussi distincts d'un côté que de l'autre (p. 37), que des suffixes possessifs se rencontrent fort bien en dehors du finno-ougrien et du turco-tatare (p. 38, note), que l'emploi de formes nominales déverbatives en place de formes verbales pures se rencontre aussi bien en indo-européen qu'en turc ou en hongrois (p. 39). Il signale aussi que le manque d'accord entre le sujet et son attribut n'est pas une chose inouïe en indo-européen, pas plus que l'accord n'est rigoureusement banni du finno-ougrien (p. 41) ; il insiste sur le fait que d'après les découvertes linguistiques les plus récentes la langue restituée par la comparaison des dialectes finno-ougriens a connu tout un système d'alternances vocaliques et consonantiques (p. 45-6). Et ainsi sur bien d'autres points encore il montre que ce qui caractérise le hongrois et son groupe linguistique ne lui est point exclusif et que les langues de l'Europe le connaissent à des degrés divers. Ce n'est pas que M. S. ait le moins du monde l'intention d'effacer les traits les plus marquants de la langue qu'il décrit ; loin de là, il montre volontiers toute son originalité et signale où il convient son caractère propre. Mais il obéit au souci légitime de réagir contre cet état d'esprit, trop répandu assurément, qui fait voir dans les langues finno-ougriennes des idiomes moins développés, moins avancés que ceux du groupe indo-européen ou même sémitique. Il a tenu à opposer aux interprétations simplistes et purement aprioristiques, que malheureusement des hommes comme Fr. Müller, Steinthal, Fr. Misteli et H. Winkler ont couvertes de leur autorité, les résultats véritables de la méthode historique (cf. p. 54).

On le voit, M. Simonyi n'a pas craint de faire de la vulgarisation. Il l'a faite avec toute la science désirable et l'on ne peut que recommander la lecture de son livre[1].

Rob. Gauthiot.

O. Hazay. — *A vogul nyelvjárások első szótagbeli magánhanzói, qualitativ szempontból.* Budapest, 1907, in-8, 54 p.

La publication par M. B. Munkácsi des quatre tomes de son Recueil de textes (poésies et contes) populaires vogoules (*Vogul népköltési gyűjtemény*) a enfin fourni aux linguistes des matériaux suffisants pour l'étude du vogoule et de ses dialectes. En particulier, elle a rendu possible l'étude de la phonétique, parce que les textes édités par M. B. Munkácsi sont les premiers qui soient notés avec une précision suffisante, avec une rigueur vraiment scientifique.

M. O. Hazay, un des jeunes élèves de M. Szinnyei, le professeur de linguistique ouralo-altaïque à l'Unverisité de Budapest, en a tiré parti pour étudier le vocalisme de la syllabe initiale dans les dialectes vogoules, au point de vue qualitatif. Il a réuni 879 mots se présentant

1. A propos de la rédaction en allemand, pourquoi M. Simonyi adopte-t-il l'usage qui fait *Kalevala* du féminin ? (ainsi p. 9). — Les arguments présentés par M. Schmidt dans les *Finnisch-Ugrische Forschungen* (t. II, p. 489 sq.) en faveur du neutre nous paraissent pourtant décisifs.

au moins dans deux dialectes afin d'établir par leur comparaison quelle est la représentation dans chaque parler de chacune des voyelles du vogoule commun, en première syllabe.

Il a eu soin, au cours de son travail, de distinguer entre les correspondances directes, qui tiennent à des évolutions phonétiques dialectales spontanées et celles, relativement secondaires, qui proviennent d'altérations dues aux phonèmes environnants ; en effet le *y* et le *w* sont cause de changement de timbre particulièrement nombreux, soit dans le sens de la palatalisation, soit dans celui de la labialisation. Ainsi, M. H. a été amené à distinguer en vogoule trois groupes dialectaux principaux : celui du Nord, celui du Sud et celui des bords de la Tavda ; les deux derniers se subdivisent d'ailleurs en plusieurs parlers.

En somme, le travail de M. O. Hazay, fait avec soin et méthode, permet de retrouver désormais sans peine les correspondances régulières, propres à chaque dialecte, des sept voyelles du vogoule commun, en syllabe initiale. Et certes il n'est personne qui sachant quel est encore maintenant l'état de notre connaissance du vocalisme des langues finno-ougriennes, n'estime à sa valeur le service rendu en l'occasion.

Rob. Gauthiot.

Dr. Renward-Brandstetter. — *Mata-Hari oder Wanderungen eines indonesischen Sprachforschers durch die drei Reiche der Natur. Malaio-polynesische Forschungen*, zweite Reihe, IV. Lucerne, in-8°, 1908, librairie E. Haag.

Ce nouveau fascicule des *Malaio-polynesische Forschungen* est consacré à la phonétique comparée des mots suivants dans les langues de l'Indonésie et de Madagascar : *soleil, lune, étoile ; or, fer, sel, sable, montagne, vallée, vent, ombre, nuage, eau, pluie, rosée, mer, fleuve, vague, île, récif ; racine, rejeton, tronc, bois, arbre, feuille, épine, fleur, fruit, épi, semence, sève, huile, bambou, riz, banane, coco, citrouille, forêt ; queue, sang, lait, œuf, chien, chat, rat, crocodile, tigre, porc, serpent, oiseau, chauve-souris, poisson, sangsue, abeille et miel, fourmi, moustique.*

Les rapprochements sont faits avec la méthode, la sûreté et la variété d'informations habituelles à l'éminent professeur de Lucerne. Ce travail est, comme les précédents, de tout premier ordre. Les matériaux malgaches utilisés par M. Brandstetter sont, au point de vue dialectologique, de qualité médiocre ; mais il n'en existe pas de meilleurs ou de plus complets que ceux qu'il a pu consulter. Les additions et corrections suivantes présentent quelque intérêt :

P. 4. La courbe phonétique complète du mot signifiant *jour,* peut être ainsi représentée : Gayo *lo,* Tagal *arau,* Dayak *andau,* Malgache **anru* $>$ *ãdru,* en graphie usuelle *andru.* En malgache, *an-, en-, in-, on-, un-* devant consonne sont les graphies usuelles des voyelles nasales *ã, ẽ, ĩ, õ, ũ.*

P. 12. *Anina,* vent, est un barbarisme pour *aṅin.*

P. 16. In fine. Ajouter : Malg. sud-oriental ancien *taiki,* mer.

P. 17. Malg. *riaka,* plus exactement *riaki,* signifie strictement mer. Cf. dans les dialectes maritimes *šukin-driaki,* oursin, litt. hérisson de mer ; *a-murun-driaki,* sur le bord de la mer.

P. 18. *Uṅi* et *oṅi,* fleuve, rivière, sont aussi usités en malg. moderne.

P. 20. Makassar *bomboṅ,* pousses de bambou, est sans doute à rapprocher de betsimisaraka *bumbúlu,* orchidée épiphyte.

P. 21. Ajouter : *káyu,* bois, *kakáyu,* arbre, en dialecte vurimu.

P. 33. Malg. *Trimu,* monstre fabuleux mi-homme mi-animal, espèce d'ogre, est évidemment à rapprocher de malais *rimau,* tigre.

P. 41. in fine. Malg. *aiṅ,* phonétiquement *ayṅ,* existe encore dans quelques dialectes du Sud-Est. Variantes dialectales modernes : *eyṅ, eyñ* ; merina moderne *aina,* prononcé *eyna* $<$ *ayna.*

P. 43. Malais *sumăṅat, Lebensgeist,* est probablement la forme infixée de **săṅat* > malg. *ăṅgatra,* esprit des morts, revenant, fantôme ; dans certains dialectes, esprit du mal.

P. 46. Au bugui *tau alĕ, Waldmensch,* le malg. répond par *taṅala* = *ta* + *aṅ-ala,* litt. les hommes (vivant) dans la forêt, les hommes des bois.

Gabriel FERRAND.

MARR. — *Osnovnyja tablicy k grammatikê drevne-gruzinskovo jazyka,* s predvaritel'nym soobšćeniem o rodstvê gruzinskovo jazyka s semitićeskimi. St.-Pétersbourg, 1908, in-4°, IX-16 p. et 20 tableaux.

On sait combien difficile et compliquée est la flexion du géorgien. M. Marr, qui est sans doute le meilleur connaisseur actuel du géorgien, l'expose très clairement en vingt grands tableaux qui seront très utiles à tous ceux qui veulent étudier le géorgien.

Dans une brève introduction, M. Marr esquisse très brièvement ses vues sur la parenté du sémitique avec le groupe dont le géorgien est le principal représentant. Il est certain qu'il y a entre les deux groupes de langues des coïncidences remarquables, notamment la préfixation de *m* dans des formes nominales. Mais le problème est très complexe et demanderait un examen approfondi, d'autant plus que le sémitique est sûrement apparenté à l'égyptien ; c'est dans l'ensemble du groupe caucasique méridional qu'il faudrait opposer à l'ensemble de l'égypto-sémitique, et, peut-être, si M. Möller a raison, faudrait-il aussi tenir compte de l'indo-européen. La question ne sera mûre que le jour où la grammaire comparée du caucasique méridional sera faite, et où l'on aura serré de plus près la question des rapports entre le sémitique et l'égyptien. Mais M. Marr a eu raison de la poser.

A. MEILLET.

AVIS

—

Nos confrères sont instamment priés de vérifier sur la liste publiée ci-après les indications qui les concernent, et d'envoyer le plus tôt possible à l'Administrateur les rectifications qu'ils jugeraient utiles.

LISTE DES MEMBRES

DE

LA SOCIÉTÉ DE LINGUISTIQUE DE PARIS

AU 1er AOUT 1908

MEMBRES DONATEURS

MM. † ASCOLI, Prince ALEXANDRE BIBESCO, MICHEL BRÉAL, † JAMES JACKSON.

MEMBRES PERPÉTUELS.

MM. Lucien ABEILLE.
Alexandre ALEXANDROWSKI.
† G.-I. ASCOLI.
Daniel BARBELENET.
J. BAUDOUIN DE COURTENAY.
Philippe BERGER.
Prince Alexandre BIBESCO.
Alphonse BLANC.
F. BONNARDOT.
† Alexandre BOUTROUE.
Paul BOYER.
Michel BRÉAL.
† Sophus BUGGE.
Ph. COLINET.
† Georges COUSIN.
Alexis DELAIRE.
† Hartwig DERENBOURG.
O. DONNER.
Edmond DUCHESNE.
Émile DURAND-GRÉVILLE.
† Émile EGGER.
Émile ERNAULT.
Louis FINOT.
† Jean FLEURY.
† Christian GARNIER.
Alfred GASC-DESFOSSÉS.
Rob. GAUTHIOT.
GONNET.
† GOULLET.
Giacomo DE GREGORIO.
Émile GUIMET.
F. HAVERFIELD.
Louis HAVET.
† Victor HENRY.
L. HÉRIOT-BUNOUST.
† James JACKSON.
Charles JORET.
Jean KIRSTE.
Marquis DE LABORDE.
Charles R. LANMAN.

MM. Henri LARAY.
Jules LEBRETON.
† Gustave LECOCQ.
Louis LÉGER.
† Albert LEPITRE.
J.-F. LOUBAT.
A. MEILLET.
Paul MELON.
† Demetrios DE MENAGIOS.
Paul MEYER.
Paul OLTRAMARE.
† Gaston PARIS.
Théodore PARMENTIER
Paul PASSY.
† S. M. Dom PEDRO II.
MM. Antonio PEÑAFIEL.
† Charles PLOIX.
John RHŶS.
Maurice ROGER.
Eugène ROLLAND.
Ch. L. ROSAPELLY.
Ch. SACLEUX.
Ferdinand DE SAUSSURE.
A.-H. SAYCE.
Gustave SCHLUMBERGER.
Paul SÉBILLOT.
Émile SENART.
Edmond SÉNÉCHAL.
Johan STORM.
Léopold SUDRE.
Adrien TAVERNEY.
És. TEGNÉR.
† Dr THOLOZAN.
Mlle DE TCHERNITZKIJ.
MM. Vilh. THOMSEN.
Joseph VENDRYES.
Melchior DE VOGÜÉ.
† Edward R. WHARTON.
A. WILBOIS.
Ludvig WIMMER.

LISTE GÉNÉRALE.

MM.

Abeille (Lucien), professeur à l'École supérieure de Guerre et au Collège national, Calle Rodriguez Peña, 1136, Buenos-Aires (République Argentine). — Élu le 23 mai 1891 ; membre perpétuel.

Adjarian (Hratchia), élève diplomé de l'École pratique des hautes études, professeur au séminaire arménien de Nakhitchevan s. l. Don (Russie). — Élu le 27 février 1897.

Alexandrowski (Alexandre), licencié ès lettres.— Élu le 28 mai 1892 ; membre perpétuel.

Anglade (Joseph), maître de conférences à l'Université de Nancy (Meurthe-et-Moselle. — Élu le 28 mars 1903.

Anwyl, professeur, 62 Marine Terrace, Aberystwyth, Wales, Angleterre. — Élu le 8 décembre 1906.

Arbois de Jubainville (*Marie*-Henry d'), membre de l'Institut, professeur au Collège de France, 84, boulevard Montparnasse, Paris (XIVe). [Adresse de vacances : Jubainville, par Ruppes (Vosges).] — Membre de la Société en 1867 ; président en 1883.

Arrò (Alessandro), professeur au Lycée, 35, Via Santa Chiara, Turin (Italie). — Élu le 18 janvier 1896.

Audouin (Édouard), professeur de philologie et antiquités grecques et latines à l'Université, 14, rue le Cesve, Poitiers (Vienne). — Élu le 23 février 1889.

Azquen (M. l'abbé Resurreccion Maria de), professeur au lycée de Bilbao (Espagne). — Élu le 13 février 1904.

10. Bailly (Anatole), correspondant de l'Institut, 91, rue Bannier, Orléans (Loiret). — Admis dans la Société en 1866.

Bally (Charles), privat-docent à l'Université, 3, rue de Candolle, Genève (Suisse). — Élu le 10 mars 1900.

Barbelenet (Daniel), professeur au Lycée, 43, rue Édouard-Adam, Rouen. — Élu le 17 décembre 1892 ; bibliothécaire en 1893 ; membre perpétuel.

Barth (Auguste), membre de l'Institut, 10, rue Garancière, Paris (VIe). — Élu le 10 mars 1873.

Barthélemy (Adrien) vice-consul de France, Châlet des Peupliers, avenue Mélanie, Chaville (S.-et-O.). — Élu le 16 février 1884.

Basset (René), correspondant de l'Institut, directeur de l'École supérieure des Lettres, Villa Louise, rue Denfert-Rochereau (Alger). — Élu le 2 juin 1888.

Baudisch (Julius), docteur en philosophie, Radetzkystrasse, 2, Vienne (Autriche). — Élu le 3 décembre 1892.

Baudouin de Courtenay (Prof. Dr J.), Vasilievskij Ostrov, 10^{ja} Linija, n° 23, kv. 5, Saint-Pétersbourg (Russie). — Élu le 3 décembre 1881 ; membre perpétuel.

Bauer (Alfred), 17, rue Tournefort, Paris (V^e). — Élu le 9 janvier 1875.

Benoist-Lucy (L.), 2 bis, rue Schnapper, Saint-Germain-en-Laye (Seine-et-Oise). — Élu le 2 février 1901.

20. Berger (Philippe), membre de l'Institut, professeur au Collège de France, sénateur, 5, rue Leverrier, Paris. — Élu le 1er juin 1872 ; trésorier depuis le 11 avril 1874 jusqu'au 31 décembre 1891 ; président en 1892 ; membre perpétuel.

Bibesco (Le prince Alexandre), 8, rue Brémontier, Paris. — Élu le 6 juin 1874 ; président en 1894 ; membre perpétuel, donateur.

Blanc (Alphonse), professeur au Collège, villa Caprice, route d'Agde, Cette (Hérault). — Élu le 20 février 1875 ; membre perpétuel.

Bloch (Jules), agrégé de l'Université, 3, rue Sainte-Beuve (Paris). — Élu le 5 décembre 1903.

Bloch (Oscar), professeur au Lycée, 13, rue de la République, Orléans. — Élu le 28 mars 1903.

Bogoroditskij (Vasilij Aleksějevič), professeur à l'Université de Kazan (Russie). — Élu le 21 janvier 1905.

Boisacq (Émile), professeur à l'Université de Bruxelles, 14, rue Van Elewijck, Ixelles (Belgique). — Élu le 13 février 1892.

Boissier (Alfred), Le Rivage, par Chambésy, Genève (Suisse). — Élu le 1er décembre 1900.

Boucherie (Auguste), chef d'escadron d'artillerie coloniale, 28, boulevard Périer, Marseille. — Élu le 9 juin 1906.

Bonnardot (François), archiviste-paléographe, conservateur de la Bibliothèque municipale, les Charmettes, Verdun (Meuse). — Admis dans la Société en 1868 ; président en 1890 ; membre perpétuel.

30 Boudet (L'abbé H.), curé de Rennes-les-Bains (Aude). — Élu le 4 décembre 1897.

Boyer (Paul-*Jean-Marie-Gabriel*), administrateur de l'École spéciale des langues orientales vivantes, 2, rue de Lille, Paris (VIIe). — Élu le 8 décembre 1888 ; trésorier de 1892 à 1894 ; président en 1901 ; membre perpétuel.

Brandstetter (Prof. Dr R.), Villenstrasse, 14, Lucerne (Suisse). — Élu le 21 juin 1902.

Bréal (Michel-*Jules-Alfred*), membre de l'Institut, directeur d'études à l'École pratique des hautes études, 87, boulevard Saint-Michel, Paris (Ve). — Membre de la Société en 1865 membre perpétuel, donateur ; secrétaire depuis 1868.

Brunot (Ferdinand), professeur à l'Université, 8, rue Leneveux, et à Chaville (Seine-et-Oise), maison Bohl. — Élu le 20 juin 1903, président en 1907.

Cabaton (Antoine), chargé de cours à l'École des Langues orientales, attaché à la Bibliothèque nationale, 21, rue François-Bonvin, Paris (XVe). — Élu le 19 janvier 1901.

Cahen (Maurice), professeur au Lycée, 33, route de Limoux, Carcassonne (Aude). — Élu le 4 mai 1907.

Candréa, docteur de l'Université de Paris, professeur au lycée de Craiova (Roumanie). — Élu le 31 janvier 1903.

Cart (Théophile), professeur au lycée Henri IV et à l'École des sciences politiques, 12, rue Soufflot, Paris (Ve). — Elu le 17 décembre 1892 ; bibliothécaire de 1894 à 1898 ; trésorier depuis le 1er janvier 1899 ; premier vice-président en 1908.

Champion (Pierre), 4, rue Michelet, Paris. — Élu le 27 janvier 1906.

40 Charencey (*Charles-Félix*-Hyacinthe Gouhier, comte de), membre du Conseil général de l'Orne, 72, rue de l'Université, Paris (VIIe). [Adresse de va-

cances : Saint-Maurice-les-Charencey (Orne)]. — Membre de la Société depuis l'origine et son premier secrétaire ; bibliothécaire de 1868 à 1873 ; président en 1885.

CHATELAIN, membre de l'Institut, conservateur de la Bibliothèque de l'Université de Paris, Sorbonne, Paris (V^e^). — Élu le 31 janvier 1903.

CHILOT (*Pierre*-Paul-*Narcisse-Fernand*), 11, rue de la République, Saint-Mandé (Seine). — Élu le 14 janvier 1893 ; bibliothécaire 1899-1907.

CLARAC, professeur au Lycée Montaigne, rue de l'Yvette, Bourg-la-Reine (Seine). — Élu le 30 novembre 1901.

COHEN (Marcel), agrégé de l'Université, 45, Chaussée d'Antin, Paris (IXe). — Élu le 2 décembre 1905.

COLINET (Philémon), professeur à l'Université, Louvain (Belgique). — Élu le 25 juin 1892 ; membre perpétuel.

CONSTANS (Léopold-*Eugène*), professeur à l'Université d'Aix-Marseille, 42, cours Gambetta, Aix-en-Provence (Bouches-du-Rhône). — Élu le 4 juin 1898.

CORNU (Jules), professeur à l'Université, Laimburggasse, 11, Graz (Styrie), Autriche. — Élu le 19 juillet 1873.

COUBRONNE (Louis), professeur au lycée, 1, passage Saint-Ives, Nantes (Loire-Inférieure). — Élu le 25 janvier 1879.

COURANT (Maurice), secrétaire interprète du ministère des affaires étrangères pour les langues chinoise et japonaise, professeur près la Chambre de Commerce de Lyon, maître de conférences à l'Université de Lyon, 3, chemin du Chancelier, Ecully (Rhône). — Élu le 7 avril 1900.

50. CUNY (Albert), maître de conférences à l'Université, 33, rue Boudet, Bordeaux. — Élu le 9 mai 1891, administrateur en 1903-1904 ; vice-président en 1907.

DAVID (René), ingénieur, 59, avenue Raspail, La Varenne Saint-Hilaire (Seine). — Élu le 18 février 1882.

DELAIRE (Alexis), 29, boulevard des Batignolles, Paris. — Élu le 18 novembre 1876 ; membre perpétuel.

DELAPLANE (A.), chef de bureau honoraire au Ministère des travaux publics, 82, rue Bonaparte, Paris. — Admis dans la Société en 1868.

DIANU (Jean N.), professeur au séminaire central, Bucarest (Roumanie). — Élu le 7 février 1891.

DIHIGO (Dr Juan M.), professeur de linguistique et de philologie à l'Université, 110, San Ignacio, La Havane (Cuba). — Élu le 15 décembre 1894.

DONNER (O.), sénateur du Grand-Duché de Finlande, Pohjolainen Ranta, 12, Helsingfors (Finlande). — Élu le 19 juin 1869 ; membre perpétuel.

DOTTIN (*Henri*-Georges), professeur à l'Université, 37, rue de Fougères, Rennes (Ille-et-Vilaine). — Élu le 6 décembre 1884 ; bibliothécaire de 1888 à 1891.

DUCHESNE (*Charles*-Edmond), agrégé de l'Université, 64, rue Condorcet, Paris (IXe). — Élu le 24 février 1900 ; membre perpétuel.

DURAND-GRÉVILLE (Émile-*Alix*), 174, rue de Grenelle, Paris (VIIe) [de janvier à mars] et Bois-Briou, Angers (Maine-et-Loire) [d'avril à décembre]. — Élu le 1er avril 1882 ; membre perpétuel.

60. DUTENS (Alfred), 12, rue Clément-Marot, Paris (VIIIe). — Élu le 19 juillet 1879.

DUVAL (*Paul*-Rubens), professeur honoraire au Collège de France, 66, Avenue de la Grande-Armée, Paris. — Élu le 18 février 1882 ; président en 1886.

Ernout (Alfred), professeur au lycée de Troyes, 13, rue du Cirque. — Élu le 3 décembre 1904.

Ernault (Émile-*Jean-Marie*), professeur à l'Université, 2 *bis*, rue Saint-Maixent Poitiers (Vienne). — Élu le 18 décembre 1875 ; administrateur de 1882 au 24 mai 1884 ; membre perpétuel.

Estlander (Karl-*G.*), professeur à l'Université, Helsingfors (Finlande). — Membre de la Société en 1867.

Fay (Professor Edwin W.), University of Texas, 200, W, 24th Street, Austin (Texas, États-Unis). — Élu le 15 décembre 1894.

Fécamp (Albert), professeur adjoint à l'Université, bibliothécaire en chef de la Bibliothèque universitaire, 48, rue Pitot, Montpellier (Hérault). — Élu le 13 janvier 1877.

Ferrand (Gabriel), consul de France, Stuttgart (Wurtemberg). — Élu le 30 novembre 1901.

Finot (Louis), professeur au Collège de France, directeur adjoint pour la langue sanskrite à l'École pratique des hautes études, 11, rue Poussin, Paris (XVIe). — Élu le 25 juin 1892; membre perpétuel; trésorier de 1895 à 1898; vice-président en 1908.

Gaidoz (Henri), directeur d'études pour les langues et littératures celtiques à l'École pratique des hautes études, 22, rue Servandoni, Paris (VIe). — Membre de la Société en 1867; administrateur de 1870-1871 au 27 janvier 1877 ; président en 1881.

70. Gasc-Desfossés (Alfred), professeur au lycée, 23, rue du Lycée, Évreux (Eure). — Élu le 9 mars 1889; membre perpétuel.

Gaudefroy-Demombynes (M.), secrétaire-bibliothécaire de l'École spéciale des langues orientales vivantes, professeur à l'École coloniale, 2, rue de Lille, Paris (VIIe). — Élu le 24 mai 1900, président en 1906.

Gauthiot (Robert), directeur adjoint pour la grammaire comparée à l'École pratique des hautes études, 14, rue Mouton-Duvernet, Paris (XIVe). — Élu le 4 décembre 1897 ; membre perpétuel; administrateur depuis 1905.

Gellée (*Narcisse-Maximilien*-Fernand), membre de la Société académique de l'Oise, Mureaumont, par Formerie (Oise). — Élu le 29 mai 1897.

van Gennep, 40, rue de la Vallée-du-Bois, Clamart (Seine). — Élu le 18 mai 1907.

Gonnet (L'abbé), professeur à l'Université catholique à Francheville (Rhône). — Élu le 12 juin 1875 ; membre perpétuel.

Goy, professeur à l'École Normale, Lyon. — Élu le 18 février 1905.

Grammont (Maurice), professeur de grammaire comparée à l'Université, 4, rue Jacques-Draparnaud, Montpellier. — Élu le 14 décembre 1889.

Grandgent (Charles-*H.*), professeur à l'Université de Harvard, 107, Walker Street, Cambridge (Massachussets, États-Unis d'Amérique). — Élu le 29 mai 1886.

Grasserie (Raoul de la), docteur en droit, correspondant du Ministère de l'instruction publique, juge au Tribunal, à Nantes (Loire-Inférieure). — Élu le 14 mai 1887.

80. Grégoire (Antoine), docteur en philosophie et lettres, professeur à l'Athénée, 49, rue des Crépalles, Huy (Belgique). — Élu le 15 février 1896.

Gregorio (Giacomo de), professeur à l'Université, 207, Via Stabile, Palerme (Sicile). — Élu le 1er décembre 1900 ; membre perpétuel.

Guimet (Émile), directeur du Musée Guimet, avenue d'Iéna, Paris (XVIe). - Élu le 22 janvier 1881; membre perpétuel.

Gulian, professeur à Anatolia College, Mersivan (Turquie). — Élu le 1er février 1908.

Gustafsson (Dr Fridolf-*Vladimir*), professeur de littérature latine à l'Université, 41, Unioninkatu, Helsingfors (Finlande). — Élu le 16 mai 1885.

Halévy (Joseph), directeur d'études pour les langues éthiopienne et himyarite et les langues touraniennes à l'École pratique des hautes études, 9, rue Champollion, Paris (Ve). — Élu le 13 janvier 1872; président en 1888.

Hauvion, château de la Queue-les-Yvelines (Seine-et-Oise). — Élu le 20 novembre 1886.

Haverfield (F.), professeur à Christ-Church, Oxford (Grande-Bretagne). — Élu le 18 novembre 1882; membre perpétuel.

Havet (*Pierre-Antoine*-Louis), membre de l'Institut, professeur au Collège de France, chargé de cours à l'Université, directeur d'études pour la philologie latine à l'École pratique des hautes études, 18, quai d'Orléans, Paris. — Élu le 20 novembre 1869; secrétaire adjoint de 1870 à 1882; membre perpétuel.

Hériot-Bunoust (L'abbé *Étienne-Eugène*-Louis). — Élu le 19 novembre 1887; membre perpétuel.

90. Huart (Clément-*Imbault*), consul de France, premier secrétaire-interprète du Gouvernement, professeur de persan à l'École spéciale des langues orientales vivantes, 43, rue Madame, Paris (VIe) — Élu le 24 juin 1899; président en 1903.

Imbert (J.), receveur de l'enregistrement et des domaines, Monsol (Rhône) [chemin de fer, Beaujeu]. — Élu le 14 décembre 1889.

Job (Léon), docteur ès lettres, professeur au lycée, 107, rue Charles-III, Nancy (Meurthe-et-Moselle). — Élu le 21 novembre 1885.

Joret (*Pierre-Louis*-Charles-*Richard*), membre de l'Institut, professeur honoraire de l'Université d'Aix-Marseille, 64, rue Madame, Paris (VIe). — Élu le 10 janvier 1874; président en 1902; membre perpétuel.

Keller (Otto), professeur à l'Université, 2, Kreuzherrenplatz, Prague (Bohême). — Élu le 14 janvier 1893.

Kern (H.), professeur de sanskrit à l'Université, 45, Willem-Barenstraat, Utrecht (Pays-Bas). — Élu le 15 mars 1873.

Kirste (*Ferdinand-Otto*-Jean), professeur de philologie orientale à l'Université, 2, Salzamtsgasse, Graz (Autriche). — Élu le 7 janvier 1882; membre perpétuel.

Kosiavkine (J.), 5, rue Joukovskaia, Odessa (Russie). — Élu le 23 février 1907.

Krebs (Adrien), professeur à l'École alsacienne, 36, rue de Fleurus, Paris. — Élu le 14 décembre 1901.

Kuhn (E.), professeur de philologie indoue et de grammaire comparée à l'Université de Munich, Hessstr. 5. — Élu le 22 décembre 1906.

100. Laborde (Le marquis Joseph de), archiviste aux Archives nationales, 25, quai d'Orsay, Paris (VIIe). — Élu le 29 décembre 1873; membre perpétuel.

Lacombe, 137, boulevard Saint-Michel, Paris. — Élu le 9 février 1907.

Lacôte (Félix), professeur au lycée, 1, rue Lakanal, Montluçon (Allier). — Élu le 2 décembre 1905.

LAMOUCHE (Léon), lt-colonel de la gendarmerie ottomane (mission française), à Salonique. — Élu le 29 février 1896.

LANMAN (Charles R.), professeur à l'Université de Harvard, 9, Farrar-Street, Cambridge, Mass. (États-Unis d'Amérique).— Élu le 23 juin 1906; membre perpétuel.

LABAY (Henri), capitaine d'infanterie de marine en retraite, 1, rue Sainte-Geneviève, Versailles (Seine-et-Oise). — Élu le 31 mai 1890 ; membre perpétuel.

LAURENT, professeur au Lycée de Guéret (Creuse). — Élu le 21 décembre 1907.

LEBRETON (l'abbé Jules), docteur ès lettres, 5, rue du Regard, Paris. — Élu le 14 janvier 1899; membre perpétuel.

LE FOYER (Henri), 252, rue de Rivoli, Paris (Ier). — Élu le 14 mai 1892.

LÉGER (Louis-*Paul*), membre de l'Institut, professeur au Collège de France, professeur à l'École de guerre, 43, rue de Boulainvilliers, Paris (XVIe). — Membre de la Société depuis l'origine; administrateur vice-président de 1866 à 1869; président en 1882; membre perpétuel.

110. LEJAY (L'abbé Paul-*Antoine-Augustin*), professeur à l'Institut catholique, 119, rue du Cherche-Midi, Paris (VIe). — Élu le 17 mai 1890; président en 1898.

LÉVI (Sylvain), professeur au Collège de France, directeur d'études pour la langue sanskrite à l'École pratique des hautes études, 9, rue Guy-de-Labrosse, Paris (Ve). — Élu le 10 janvier 1885; président en 1893.

LÉVY (Isidore), directeur adjoint pour l'histoire de l'Orient à l'École pratique des hautes études, 4, rue Focillon, Paris (XIVe). — Élu le 30 janvier 1904.

LINDSAY (Prof. W.-M.), The University, Saint-Andrews (Écosse). — Élu le 8 juin 1895.

LOTH (Joseph), correspondant de l'Institut, professeur à l'Université, 44, faubourg de Redon, Rennes (Ille-et-Vilaine). — Élu le 25 mai 1878.

LOUBAT (le duc Joseph-Florimond), associé étranger à l'Institut de France, 53, rue Dumont-d'Urville, Paris. — Élu le 5 décembre 1903 ; membre perpétuel.

MARÇAIS, directeur de la Médersa, 27, Rampe Valée, Alger. — Élu le 30 avril 1904.

MAROUZEAU (Jules). 4, rue Schœlcher, Paris. — Élu le 27 janvier 1906.

MASPERO (*Camille-Charles*-Gaston), membre de l'Institut, professeur au Collège de France, directeur d'études pour la philologie et les antiquités égyptiennes à l'École pratique des hautes études, directeur général du service des antiquités en Égypte, Le Caire (Égypte). — Membre de la Société en 1867; président en 1880.

MAZON (A.), lecteur à l'Université, Primĕrovskaia ulica, 9, Kharkov (Russie). Élu le 9 février 1907.

120. MEILLET (Antoine), directeur adjoint pour la grammaire comparée et la langue zende à l'École pratique des hautes études, professeur au Collège de France, 24, boulevard Saint-Michel, Paris (VIe). — Élu le 23 février 1889; membre perpétuel ; secrétaire adjoint.

MÉLÈSE (*Henri*-Gaston), professeur agrégé de l'Université, 5, rue Corneille, Paris (VIe). — Élu le 8 mars 1889.

MELON (Paul), 24, place Malesherbes, Paris (XVIIe). — Élu le 19 novembre 1870; membre perpétuel.

MENDEZ-BEJARANO (Mario), membre du Conseil royal de l'Instruction publique, professeur de littérature à l'Institut, calle de la Luna, 34, pr^al, Madrid (Espagne). — Élu le 23 avril 1898.

MERWART (Charles), Professor D^r, ancien professeur à l'Académie Marie-Thérèse et à la Franz Joseph-Realschule, XIII, Bahnhofsstrasse 22, Vienne (Autriche). — Élu le 21 juin 1884.

MEUNIER (L'abbé J.-M.), ancien élève de l'École pratique des hautes études, professeur à l'Institution du Sacré-Cœur, Corbigny (Nièvre). — Élu le 17 décembre 1898.

MEYER (Alphonse), professeur retraité, 53, rue Lagrange, Bordeaux (Gironde). — Élu le 6 février 1875.

MEYER (*Marie*-Paul-*Hyacinthe*), membre de l'Institut, directeur de l'École des Chartes, 16, avenue de Labourdonnais, Paris (VIIe). — Membre de la Société en 1867; membre perpétuel.

MICHEL (Charles), professeur à l'Université, 42, avenue Blonden, Liège (Belgique). — Élu le 16 février 1878.

MILLIARDET, professeur au Lycée, 47, boulevard de Talence, Bordeaux (Gironde). — Élu le 21 mars 1908.

130. MONSEUR (Eugène), professeur à l'Université, 217, avenue de Tervueren. Woluwe (Belgique). — Élu le 9 janvier 1885.

NICOLAS (A.-L.-M.), chez Me Veuve Nicolas, 119, rue de la Tour, Paris. — Élu le 27 mai 1902.

NITSCH (Casimir), docteur de l'Université, 27, rue Lobzowska, Cracovie. — Élu le 30 avril 1903.

OLTRAMARE (Paul), professeur à l'Université, 32, chemin du Nant, Servette, Genève (Suisse). — Élu le 27 mai 1876 ; membre perpétuel.

OSTHOFF (Hermann), professeur à l'Université, 18, Blumenthalstrasse. Handschuhsheim, Heidelberg (Grand-Duché de Bade). — Élu le 8 juin 1895.

PARMENTIER (Le général de division *Joseph-Charles*-Théodore), 5, rue du Cirque, Paris (VIIIe). [Adresse de vacances : Malzéville (Meurthe-et-Moselle)]. — Élu le 17 mars 1883; président en 1899; membre perpétuel.

PASCAL (Charles), professeur au lycée Janson-de-Sailly, 4, rue de Siam, Paris (XVIe). — Élu le 15 mai 1886.

PASSY (Paul-*Édouard*), directeur adjoint pour la phonétique générale et comparée à l'École pratique des hautes études, 11, rue de Fontenay, Bourg-la-Reine (Seine). — Élu le 17 décembre 1892; membre perpétuel.

PATRUBÁNY (Luc de), docent à l'Université, 6, Karátsonyi utcza, Budapest (Hongrie). — Élu le 23 mars 1907.

PEÑAFIEL (Docteur Antonio), professeur de médecine et de chirurgie à l'Université, directeur général du Bureau de statistique, Mexico (Mexique). — Élu le 11 mai 1889; membre perpétuel.

140. PERNOT (Hubert), répétiteur à l'École spéciale des langues orientales vivantes, 7, rue du Clos-d'Orléans, Fontenay-sous-Bois (Seine). — Élu le 1er décembre 1894.

PIERRET (Paul), conservateur du musée égyptien, Palais du Louvre, Paris (Ier). — Était membre de la Société le 1er février 1870.

POGNON (Henri), consul de France, chez M. Bourdon, Clos Savoiroux, Chambéry (Savoie). — Élu le 16 février 1884.

Psichari (Jean), directeur d'études pour la philologie byzantine à l'École pratique des hautes études, professeur à l'École spéciale des langues orientales vivantes, 16, rue Chaptal, Paris (IXe). — Élu le 15 février 1884; administrateur de 1885 à 1889; président en 1896.

Reby, élève de l'École pratique des hautes études, 6, place de la Sorbonne, Paris. — Élu le 22 décembre 1906.

Reinach (Salomon), membre de l'Institut, conservateur du musée de Saint-Germain, 4, rue de Traktir, Paris (XVIe). — Élu le 21 février 1880.

Reinach (Théodore), docteur ès lettres, député, 9, rue Hamelin, Paris. — Élu le 14 janvier 1899, président en 1905.

Rhys (John), fellow de Jesus College, professeur de celtique à l'Université, The Lodgings, Jesus College, Oxford (Grande-Bretagne). — Élu le 9 janvier 1875; membre perpétuel.

Roger (Maurice), professeur au lycée Carnot, 2, rue Barye, Paris (XVIIe). — Élu le 20 mars 1886; membre perpétuel.

Rolland (Eugène), 5, rue des Chantiers, Paris. — Membre perpétuel.

150. Roques (Mario), maître de conférences à l'Université de Paris, directeur-adjoint pour la philologie romane à l'École pratique des hautes études, 2, rue de Poissy, Paris (Ve). — Élu le 5 décembre 1903.

Rosapelly (Le docteur *Marie*-Charles-Léopold), ancien interne des hôpitaux, 10, rue de Buci, Paris (VIe). — Élu le 27 mai 1876; président en 1900; membre perpétuel.

Roudet (Léonce), professeur au lycée de Nancy. — Élu le 28 mai 1904.

Rousselot (L'abbé Pierre-*Jean*), professeur à l'Institut catholique, préparateur au laboratoire de phonétique expérimentale au Collège de France, 23, rue des Fossés-Saint-Jacques, Paris (Ve). — Élu le 17 avril 1886; président en 1895.

Sabbathier (Paul), agrégé de l'Université, 15, rue du Cardinal-Lemoine, Paris (Ve). — Élu le 28 décembre 1889.

Sacleux (Le R. P. Ch.), missionnaire apostolique, 30, rue Lhomond, Paris (Ve). — Élu membre de la Société le 7 avril 1894; membre perpétuel.

Sainéan (Lazare), docteur ès lettres, ancien professeur suppléant à l'Université de Bucarest, 47, rue Denfert-Rochereau, Paris. — Élu le 18 mai 1901; président en 1908.

Saussure (Ferdinand de), professeur à l'Université, Genève (Suisse). — Élu le 13 mai 1876; secrétaire-adjoint de 1883 à 1891; membre perpétuel.

Sayce (*Archibald*-Henry), professeur à l'Université, Oxford (Grande-Bretagne). — Élu le 5 janvier 1878; membre perpétuel.

Schlumberger (Gustave-*Léon*), membre de l'Institut, 29, avenue Montaigne, Paris (VIIIe). — Membre de la Société depuis le 3 décembre 1881; membre perpétuel.

160. Schrijnen (Joseph), docteur en philosophie, professeur au collège, 9, Kristoffelstraat, Ruremonde (Pays-Bas). — Élu le 5 décembre 1891.

Sébillot (Paul), directeur de la *Revue des Traditions populaires*, 80, boulevard Saint-Marcel, Paris (Ve). — Élu le 28 avril 1883; membre perpétuel.

Senart (Émile), membre de l'Institut, 18, rue François Ier, Paris (VIIIe). [Adresse de vacances: château de la Pelice, près la Ferté-Bernard (Sarthe)]. — Élu en 1868; membre perpétuel.

Sénéchal (Edmond), inspecteur des finances, 10, boulevard de Bellevue, Draveil (Seine-et-Oise). — Élu le 16 mai 1885; membre perpétuel.

Sépet (Marius), bibliothécaire à la Bibliothèque nationale, 23, rue Vaneau, Paris (VIIe). — Était membre de la Société le 1er février 1870.

Speijer (J.-S.), professeur de sanskrit à l'Université, 24, Herrengracht, Leyde (Pays-Bas). — Élu le 2 février 1878.

Stokes (Whitley), associé étranger de l'Institut de France, ancien membre du Council of the Viceroy of India, 15, Grenville Place, Londres S. W. — Élu le 5 novembre 1881.

Storm (Johan), professeur à l'Université, Kristiania (Norvège). — Élu le 23 novembre 1872; membre perpétuel.

Streitberg (Wilh.), professeur à l'Université, Nordstrasse, 4, Münster i. Westfalen. — Élu le 21 décembre 1907.

Sudre (Léopold-*Maurice-Pierre-Timothée*), docteur ès lettres, professeur au lycée Montaigne, 85, boulevard Port-Royal, Paris (VIe). — Élu le 2 avril 1887; membre perpétuel.

170. Ščerba (L.), Zamkovaja 5, Mittau (Russie).

Švrljuga (*Ivan* Kr.), Osiek (Croatie). — Élu le 7 avril 1880.

Taverney (Adrien), avenue Drucy, 9, Lausanne (Suisse). — Élu le 17 mars 1883; membre perpétuel.

Tchernitskij (Mlle Antoinette de), répétitrice au Kievskij Institut, Kiev (Russie). — Élue le 27 avril 1895; membre perpétuel.

Tegnér (Esaias-*Henrik-Vilhelm*), professeur à l'Université, Lund (Suède). — Élu le 17 avril 1875; membre perpétuel.

Thomas (Antoine), membre de l'Institut, professeur à l'Université, directeur d'études pour la philologie romane à l'École pratique des hautes études, 32, avenue Victor-Hugo, Bourg-la-Reine (Seine). Élu le 25 janvier 1902, président en 1904.

Thommen (Édouard), 17, Sankt Johanns Vorstadt, Bâle (Suisse). — Élu le 2 décembre 1905.

Thomsen (Vilhelm), professeur à l'Université, correspondant de l'Institut, 36, St-Knuds Vej, Copenhague (Danemark). — Élu le 21 mai 1870; membre perpétuel.

Thumb (Albert), professeur à l'Université, Marburg (Allemagne). — Élu le 21 mars 1908.

Vaz (M.-J.), professeur, 61, Kalbadevie Road, Bombay (Inde). — Élu le 5 décembre 1903.

180. Vendryes (Joseph-*Jean-Baptiste*), chargé de cours à l'Université, 85, rue d'Assas, Paris (VIe). — Élu le 21 mai 1898; membre perpétuel; trésorier.

Vogüé (Le marquis *Charles-Jean*-Melchior de), membre de l'Institut (Académie française et Académie des inscriptions et belles-lettres), ambassadeur de France, 2, rue Fabert, Paris (VIIe). — Membre de la Société depuis le 27 mars 1879; membre perpétuel.

Wackernagel (Jakob), professeur à l'Université, Göttingen (Allemagne). — Élu le 20 novembre 1886..

Wilbois (Le lieutenant-colonel A.), président de la réunion d'instruction des officiers des services des chemins de fer et des étapes, 8, rue des Chalets, Le Mans. — Élu le 15 avril 1876; membre perpétuel.

Wimmer (Ludvig-*F.-A.*), professeur à l'Université, 9, Norrebrogade, Copenhague (Danemark). — Élu le 29 mars 1873; membre perpétuel.

Winkler (Dr Heinrich), Opperau bei Breslau, Post Kletterdorf (Silésie prussienne). — Élu le 30 novembre 1889.

Zubatý (Joseph), professeur de sanskrit et grammaire comparée à l'Université, Smíchov, Ferdinandovo nábřeží, 3, Prague (Bohême). — Élu le 19 décembre 1891.

Zünd-Burguet (Adolphe), 1, rue de Stockholm, Paris (VIIIe). — Élu le 12 juin 1897.

Académie roumaine, Bucarest (Roumanie). — Admise dans la Société le 26 mars 1904.

Bibliothèque de l'École française d'Archéologie, Palais Farnèse, Rome (Italie). — Admise dans la Société le 25 mai 1889.

190. Bibliothèque de l'École française d'Extrême Orient. Hanoï, Tonkin. — Admise dans la Société le 7 avril 1906.

Bibliothèque de l'École pratique des hautes études (section des sciences historiques et philologiques), à la Sorbonne, Paris (V^e). — Admise dans la Société le 22 février 1902.

Bibliothèque de l'Université, à la Sorbonne, Paris (V^e). — Admise dans la Société le 22 février 1902.

Bibliothèque royale, Berlin (Allemagne). Adresser : à MM. Asher & Co, libraires, Berlin, chez MM. Ch. Gaulon et fils, 39, rue Madame, Paris (VIe). — Admise dans la Société le 28 janvier 1899.

Bibliothèque royale et universitaire, Breslau (Allemagne). Adresser : à MM. Asher & Co, libraires, Berlin, chez MM. Ch. Gaulon et fils, 39, rue Madame, Paris (VIe). — Admise dans la Société le 28 janvier 1899.

Bibliothèque royale universitaire, Göttingen (Allemagne). Adresser : à MM. Asher & Co, libraires, Berlin, chez MM. Ch. Gaulon et fils, 39, rue Madame, Paris (VIe). — Admise dans la Société le 28 janvier 1899.

Bibliothèque royale et universitaire, Königsberg i. Pr. (Allemagne). Adresser : à MM. Asher & Co, libraires, Berlin, chez MM. Ch. Gaulon et fils, 39, rue Madame. Paris (VIe). — Admise dans la Société le 28 janvier 1899.

Bibliothèque royale universitaire, Marburg i. H. (Allemagne). Adresser : à MM. Asher & Co, libraires, Berlin, chez MM. Ch. Gaulon et fils, 39, rue Madame, Paris (VIe). — Admise dans la Société le 28 janvier 1899.

Bibliothèque universitaire, Aix-en-Provence (Bouches-du-Rhône). — Admise dans la Société le 19 février 1898.

Bibliothèque universitaire, Clermont-Ferrand (Puy-de-Dôme). — Admise dans la Société le 11 juin 1887.

200. Bibliothèque universitaire, Palais de l'Université, Montpellier (Hérault). — Admise dans la Société le 24 juin 1893.

Bibliothèque universitaire, Rennes (Ille-et-Vilaine). — Admise dans la Société le 7 mai 1898.

Bibliothèque universitaire, Strasbourg (Alsace). — Admise dans la Société le 15 mai 1897.

Bibliothèque universitaire, section Droit et Lettres, 2, rue de l'Université, Toulouse (Haute-Garonne). — Admise dans la Société le 2 mai 1885.

Bodleian Library, Oxford (Angleterre). — Admise dans la Société le 4 mai 1901.

British Museum, Londres (Grande-Bretagne). Adresser : à Messrs. Dulau & Co, libraires, Londres, chez M. H. Le Soudier, 174, boulevard Saint-Germain, Paris (VIe) — Admis dans la Société le 22 novembre 1890.

Cambridge philological society, A. Cowman, Little Saint-Mary's Lane Cambridge (Angleterre). — Admise dans la Société le 28 mai 1904.

Library of Queen's College, Oxford (Angleterre). — Admise dans la Société le 15 juin 1901.

Meyrick Library, Turl Street, Oxford (Angleterre). — Admise dans la Société le 15 juin 1901.

210. Paulinische bibliothek, Münster-en-Westphalie (Allemagne). Adresser : à MM. Asher & C°, libraires, Berlin, chez MM. Ch. Gaulon et fils, 39, rue Madame, Paris (VI°). — Admise dans la Société le 16 mars 1901.

Taylor institution, Oxford (Angleterre). — Admise dans la Société le 15 juin 1901.

LISTE DES PRÉSIDENTS

DE LA SOCIÉTÉ DE LINGUISTIQUE DE PARIS

DEPUIS SA FONDATION

	MM.		MM.
1864-65.	† A. D'ABBADIE.	1888.	Joseph HALÉVY.
1866.	† Émile EGGER.	1889.	† Charles PLOIX.
1867.	† Ernest RENAN.	1890.	F. BONNARDOT.
1868.	† Wl. BRUNET DE PRESLE.	1891.	† M. DE ROCHEMONTEIX.
1869.	† F. BAUDRY.	1892.	Philippe BERGER.
1870-71.	† Émile EGGER.	1893.	Sylvain LÉVI.
1872.	† Charles THUROT.	1894.	Alexandre BIBESCO.
1873.	† Gaston PARIS.	1895.	P. ROUSSELOT.
1874.	† Charles PLOIX.	1896.	Jean PSICHARI.
1875.	† L. VAÏSSE.	1897.	† Alexandre BOUTROUE.
1876.	† Émile EGGER.	1898.	Paul LEJAY.
1877.	† Eugène BENOIST.	1899.	Th. PARMENTIER.
1878.	Robert MOWAT.	1900.	Ch. ROSAPELLY.
1879.	† Abel BERGAIGNE.	1901.	Paul BOYER.
1880.	G. MASPÉRO.	1902.	Charles JORET.
1881.	H. GAIDOZ.	1903.	Clément HUART.
1882.	Louis LÉGER	1904.	† Alexandre LIÉTARD.
1883.	H. D'ARBOIS DE JUBAINVILLE.	1904.	Antoine THOMAS.
1884.	† Stanislas GUYARD.	1905.	Théodore REINACH.
1885.	H. DE CHARENCEY.	1906.	GAUDEFROY-DEMOMBYNES.
1886.	Rubens DUVAL.	1907.	F. BRUNOT.
1887.	† James DARMESTETER.	1908.	L. SAINÉAN.

MEMBRES

ENLEVÉS PAR LA MORT A LA SOCIÉTÉ

ABBADIE (Antoine-*Thomson* D'), membre de l'Institut (Académie des Sciences). — Membre de la Société depuis l'origine et son premier président. Décédé le 20 mars 1897.

ASCOLI (Graziadio), associé de l'Institut de France. — Élu le 22 juillet 1876; membre perpétuel, donateur. Décédé en 1907.

BACKER (Louis DE), lauréat de l'Institut de France, membre de l'Académie royale de Belgique. — Élu le 20 janvier 1894. Décédé en février 1896.

BAISSAC (Charles), professeur au collège royal de Port-Louis (Ile Maurice). — Élu le 20 juin 1891. Décédé le 3 décembre 1892.

BAIZE (Louis), professeur au lycée Condorcet. — Élu le 22 janvier 1881; bibliothécaire de 1882 à 1888. Décédé le 6 novembre 1900.

BARBIER DE MEYNARD, membre de l'Institut, professeur au Collège de France, administrateur de l'École des langues orientales. — Membre de la Société depuis le 2 février 1884. Décédé en 1908.

BARON (Charles), maître de conférences à l'Université de Clermont-Ferrand. — Élu le 22 janvier 1887. Décédé le 18 janvier 1903.

BAUDRY (Frédéric), membre de l'Institut. — Membre de la Société en 1867; président en 1869. Décédé le 2 janvier 1885.

BENLŒW (Louis), ancien doyen de la Faculté des lettres de Dijon. — Membre de la Société depuis 1868. Décédé en février 1900.

BENOIST (*Louis*-Eugène), membre de l'Institut, professeur à la Faculté des lettres de Paris. — Membre de la Société depuis le 7 mai 1870; président en 1877. Décédé le 22 mai 1887.

BERGAIGNE (Abel-*Henri-Joseph*), membre de l'Institut, directeur d'études à l'École pratique des hautes études, professeur de sanskrit et de grammaire comparée à la Faculté des lettres de Paris. — Membre de la Société en 1864; secrétaire adjoint en 1868 et 1869; président en 1879. Décédé le 6 août 1888.

BEZSONOV (Pierre), professeur à l'Université de Kharkov (Russie). — Élu le 23 novembre 1878. Décès notifié à la Société le 19 décembre 1898.

BOISSIER (Gaston), secrétaire perpétuel de l'Académie française, membre de l'Académie des inscriptions et belles-lettres. — Membre de la Société depuis le 8 mai 1869. Décédé en 1908.

BOUCHERIE (A.), chargé de cours à la Faculté des lettres de Montpellier. — Élu membre le 21 novembre 1868. Décédé en 1883.

BOUCHERIE (Adhémar), chef de bataillon en retraite. — Élu le 12 mai 1883. Décédé le 7 mars 1903.

Boutroue (Alexandre-*Antoine*), avocat à la Cour d'appel de Paris. — Élu le 30 juin 1894; président en 1897. Décédé le 3 février 1899.

Brunet de Presle (Wladimir), membre de l'Institut, professeur à l'École spéciale des langues orientales vivantes. — Membre de la Société en 1867; président en 1868. Décédé le 12 septembre 1875.

Bugge (Sophus), associé de l'Institut de France. — Élu le 5 janvier 1878; membre perpétuel. Décédé le 8 juillet 1907.

Carnel (L'abbé), aumônier de l'Hôpital militaire de Lille. — Élu le 5 décembre 1891. Décédé le 22 mars 1899.

Carriere (Auguste), directeur d'études à l'École pratique des hautes études, professeur à l'École spéciale des langues orientales vivantes. — Élu le 10 février 1873. Décédé le 25 janvier 1902.

C. Chabaneau, correspondant de l'Institut. — Élu en 1868. Décédé en 1908.

Chasles (Philarète), professeur au Collège de France. — Élu le 15 février 1873. Décès notifié à la Société le 19 juillet 1873.

Chassang (*Marie-Antoine*-Alexis), inspecteur général de l'Université. — Élu le 12 novembre 1870. Décédé le 8 mars 1888.

Chodzko (Alexandre), chargé de cours au Collège de France et à l'École spéciale des langues orientales vivantes. — Membre de la Société depuis l'origine. Décès notifié à la Société le 16 janvier 1892.

Cousin (Georges), maître de conférences à l'Université de Nancy. — Élu le 8 février 1890; membre perpétuel. Décédé en 1907.

Darmesteter (Arsène), professeur à la Faculté des lettres de Paris. — Membre de la Société en 1870. Décédé le 16 novembre 1888.

Darmesteter (James), professeur au Collège de France, directeur d'études à l'École pratique des hautes études. — Élu le 20 décembre 1873; président en 1887. Décédé le 19 octobre 1894.

Delondre (Gustave). — Membre en 1865. Décès notifié le 25 novembre 1907.

Derenbourg (Hartwig), membre de l'Institut, professeur à l'École des langues orientales, directeur d'études à l'École pratique des hautes études. — Membre de la Société depuis 1866; secrétaire adjoint de 1866 à 1868; membre perpétuel. Décédé en 1908.

Derenbourg (Joseph), membre de l'Institut, directeur d'études à l'École pratique des hautes études. — Membre de la Société depuis le 22 juillet 1871. Décédé le 28 juillet 1895.

Devic (Marcel), chargé de cours à la Faculté des lettres de Montpellier. — Élu le 19 février 1876; vice-président en 1878. Décédé en mai 1888.

Deville (Gustave), ancien membre de l'École française d'Athènes. — Membre de la Société en 1867. Décédé en 1868.

Didion (Charles), inspecteur général des ponts et chaussées. — Élu le 26 avril 1873. Décédé le 26 janvier 1882.

Didot (Ambroise-Firmin). — Admis dans la Société en 1868. Décédé en 1876.

Dosson (Simon-*Noël*), professeur à la Faculté des lettres de Clermont-Ferrand. — Élu le 14 mai 1887. Décédé le 15 février 1893.

Duvau (Louis), directeur adjoint à l'École pratique des hautes études. — Élu le 6 décembre 1884; administrateur du 1er janvier 1892 à juillet 1903. Décédé le 14 juillet 1903.

Édon (Georges), professeur au lycée Henri IV. — Élu le 29 mai 1880. Décès notifié en 1905.

Egger (Émile), membre de l'Institut, professeur à la Faculté des lettres de Paris. — Président de la Société en 1866, 1870-71 et 1876. Décédé le 31 août 1885.

Eichthal (Gustave d'). — Membre de la Société depuis 1867. Décédé en 1886.

Étienne (E.). — Élu le 6 décembre 1890. Décédé en 1907.

Fleury (Jean), lecteur à l'Université de Saint-Pétersbourg. — Élu le 21 décembre 1878. Décédé en juillet 1894.

Florent-Lefèvre, député. — Élu le 29 mars 1873. Décédé en 1887.

Fournier (Eugène), docteur en médecine et ès sciences naturelles.— Membre de la Société depuis l'origine. Décédé le 10 juin 1885.

Garnier (*Charles-François-Paul*-Christian), lauréat de l'Institut. — Mort à Paris le 4 septembre 1898 ; inscrit comme membre perpétuel le 27 mai 1899.

Georgian (Professeur Dr C.-D.) — Élu le 21 mars 1875. Décédé en 1888.

Godefroy (Frédéric). — Élu le 24 mai 1879. Décédé en 1897.

Goldschmidt (Siegfried), professeur à l'Université de Strasbourg. — Élu le 8 mai 1869. Décédé le 31 janvier 1884.

Goullet.— Élu le 7 juin 1873. Décédé en 1887.

Grandgagnage (Charles), sénateur du royaume de Belgique. — Élu le 24 avril 1869.

Graux (Charles-*Henri*), maître de conférences à l'École pratique des hautes études et à la Faculté des lettres de Paris.— Élu le 9 mai 1874. Décédé le 13 janvier 1882.

Gréard (Octave), membre de l'Institut, vice-recteur honoraire de l'Académie de Paris. — Élu le 14 décembre 1889. Décédé le 25 avril 1904.

Grimblot (Paul), ancien consul de France à Ceylan. — Membre de la Société en 1867. Décès notifié à la Société le 4 juin 1870.

Guieysse (Georges-*Eugène*), élève de l'École pratique des hautes études. — Élu le 11 février 1888. Décédé le 17 mai 1889.

Guyard (Stanislas), professeur au Collège de France, maître de conférences à l'École pratique des hautes études. — Élu le 13 avril 1878 ; président en 1884. Décédé le 7 septembre 1884.

Halléguen (Docteur).— Élu le 9 juin 1877. Décès notifié à la Société le 5 avril 1879.

Hanusz (Jean), professeur agrégé à l'Université de Vienne (Autriche). — Élu le 25 juin 1887. Décédé le 26 juillet de la même année.

Harlez (Mgr Charles de), professeur à l'Université de Louvain. — Élu le 18 novembre 1876. Décédé le 14 juillet 1899.

Hatzfeld (Adolphe), professeur au lycée Louis-le-Grand. — Élu le 1er février 1873. Décédé en octobre 1900.

Hauvette-Besnault, directeur d'études honoraire à l'École pratique des hautes études, conservateur adjoint de la bibliothèque de l'Université. — Membre de la Société depuis 1870. Décédé le 28 juin 1888.

Heinrich (G.-A.), doyen de la Faculté des lettres de Lyon. — Membre de la Société depuis 1867. Décédé en 1887.

Henry (Victor), professeur à l'Université de Paris. — Élu le 22 janvier 1881 ; membre perpétuel. Décédé le 6 février 1907.

Hervé (Camille). — Membre de la Société en 1867. Décédé le 30 août 1878.

Hovelacque (Abel), professeur à l'École d'anthropologie. — Élu le 4 décembre 1869. Décédé en février 1896.

Jackson (James), archiviste-bibliothécaire de la Société de Géographie. — Élu le 22 juin 1879; donateur. Décédé le 17 juillet 1895.

Jaubert (Le comte), membre de l'Institut. — Membre de la Société depuis 1868. Décédé le 1er janvier 1875.

Jozon, député. — Présenté pour être membre de la Société le 2 décembre 1879. Décès notifié à la Société le 9 juillet 1881.

Judas (Le docteur A.-C.), ancien médecin principal de première classe. — Membre de la Société depuis l'origine. Décédé le 17 janvier 1873.

La Berge (Camille de), employé au cabinet des médailles de la Bibliothèque nationale. — Élu le 3 décembre 1870. Décédé le 13 mars 1878.

Lachaise (L'abbé Romain Czerkas). — Membre de la Société en 1867. Décès notifié à la Société le 26 avril 1873.

Lacouperie (Docteur Albert Terrien de), ancien professeur à l'University College de Londres. — Élu le 9 février 1889. Décédé le 11 octobre 1894.

Lambrior, professeur à l'Université de Jassy. — Élu le 26 mai 1877. Décès notifié à la Société le 17 novembre 1883.

Laurent, professeur au Collège Stanislas. — Élu le 14 avril 1884. Décès notifié le 25 novembre 1907.

Lecoq (Gustave). — Élu le 3 mai 1890 ; membre perpétuel. Décédé en 1907.

Lenormant (*Charles*-François), membre de l'Institut. — Membre de la Société en 1867. Décédé le 9 décembre 1883.

Lepitre (Abbé A.), professeur à l'Université catholique, Lyon. — Élu le 30 novembre 1901. Décédé en 1906.

Le Saint (François), ancien officier. — Membre de la Société en 1866. Décédé en 1867.

Lévy (B.), inspecteur général de l'instruction publique. — Élu le 24 janvier 1874. Décédé le 24 décembre 1884.

Liétard (le docteur Alexandre), médecin inspecteur des eaux, correspondant de l'Académie de médecine. — Membre de la Société en 1866, président en 1904. Décès notifié à la Société le 13 février 1904.

Littré (*Maximilien-Paul*-Émile), membre de l'Institut. — Membre de la Société depuis 1868. Décédé en 1881.

Lœb (Isidore), professeur au Séminaire israélite. — Élu le 19 décembre 1885. Décédé le 2 juin 1892.

Lottner (Le docteur Karl), ancien professeur à Trinity College (Dublin). — Membre de la Société en 1867. Décédé le 5 avril 1873.

Lutosławski (Stanislas), élève de l'Université de Dorpat. — Élu le 19 décembre 1885. Décès notifié à la Société le 18 février 1892.

Malvoisin (Édouard), agrégé de l'Université. — Membre de la Société depuis 1865 ; bibliothécaire du 7 février 1880 au 31 décembre 1881. Décédé le 5 janvier 1895.

Massieu de Clerval. — Membre de la Société depuis 1866. Décédé le 18 juin 1896.

Mathieu (E.), traducteur aux établissements Schneider. — Élu le 8 mars 1890. Décédé le 29 décembre 1897.

Maury (*Louis-Ferdinand*-Alfred), membre de l'Institut, professeur au Collège de France, directeur d'études à l'École pratique des hautes études, ancien directeur des Archives nationales. — Membre de la Société en 1868. Décédé le 12 février 1892.

Menagios (Demetrios de), docteur en droit et en philosophie. — Élu le 10 janvier 1874. Décédé en 1891.

Merlette (*Auguste*-Nicolas). — Élu le 20 novembre 1886. Décédé le 13 mai 1889.

Meunier (*Louis*-Francis), docteur ès lettres. — Membre de la Société en 1866 ; trésorier de 1872 à sa mort. Décédé le 11 mars 1874.

Meyer (Maurice), ancien professeur à la Faculté des lettres de Poitiers, inspecteur de l'enseignement primaire. — Admis dans la Société en 1868. Décédé en 1870.

Mohl (F.-G.), lauréat de l'Institut, professeur agrégé à l'Université de Prague, professeur à la Ceskoslovanská Akademie. — Élu le 21 novembre 1885, administrateur en 1890-91. — Décès notifié le 21 septembre 1904.

Moisy (Henri), notaire honoraire, juge honoraire au Tribunal civil de Lisieux. — Élu le 12 juin 1875. Décédé le 3 novembre 1886.

Montalk (*J.-W.* E. Potocki de), professeur à University College, Auckland (Nouvelle-Zélande). — Élu le 18 juin 1898. Décédé le 6 septembre 1901.

Muir (John), correspondant de l'Institut de France (Académie des inscriptions et belles-lettres). — Élu le 21 novembre 1868. Décédé le 15 mars 1882.

Nigoles (O.), professeur au lycée Janson de Sailly. — Élu le 13 juillet 1878. Décès notifié à la Société le 22 décembre 1888.

Pannier (Léopold), attaché à la Bibliothèque nationale. — Était membre de la Société le 1er février 1870. Décès notifié à la Société le 20 novembre 1875.

Paplonski (J.), directeur de l'Institut des sourds et muets de Varsovie. — Élu le 27 février 1869. Décédé le 28 novembre 1885.

Paris (Gaston-*Bruno-Paulin*), membre de l'Institut, professeur au Collège de France, administrateur du Collège de France, président honoraire et directeur d'études à l'École pratique des hautes études. — Membre de la Société en 1867 ; vice-président en 1869, en 1870-1871 et en 1872 ; président en 1873 ; membre perpétuel. Décédé le 5 mars 1903.

Pauli (Carl), docteur en philosophie, professeur au Lycée cantonal, Lugano. — Élu le 3 mars 1883. Décédé en août 1901.

Pedro II (S. M. dom), empereur du Brésil, associé étranger de l'Institut de France (Académie des Sciences). — Membre de la Société depuis le 12 mai 1877. Décédé le 5 décembre 1891.

Pellat, doyen de la Faculté de droit de Paris. — Était membre de la Société le 1er février 1870. Décès notifié à la Société le 18 novembre 1871.

Pierron (Alexis), ancien professeur au lycée Louis-le-Grand. — Admis dans la Société en 1868. Décès notifié à la Société le 7 décembre 1878.

Ploix (Charles-*Martin*), ingénieur hydrographe. — Membre de la Société en 1867 ; président en 1874 et en 1889. Décédé le 21 février 1895.

Ponton d'Amécourt (Le vicomte Gustave de). — Membre de la Société en 1866. Décès notifié à la Société le 28 janvier 1888.

Queux de Saint-Hilaire (Le marquis de). — Élu membre de la Société le 4 novembre 1882. Décédé en novembre 1889.

Rambaud (Jean-Baptiste-*Antoine*), capitaine breveté d'artillerie coloniale. — Élu le 7 décembre 1900. Décès notifié à la Société le 18 juin 1904.

Renan (*Joseph*-Ernest), membre de l'Institut, administrateur du Collège de France. — Membre de la Société depuis l'origine ; président en 1867. Décédé le 2 octobre 1892.

Renier (*Charles-Alphonse*-Léon), membre de l'Institut, professeur au Collège de France, président de la Section des sciences historiques et philologiques à l'École pratique des hautes études, conservateur de la Bibliothèque de l'Université. — Élu le 24 avril 1869. Décédé le 11 juin 1885.

Riant (Paul-*Édouard* Didier, comte), membre de l'Institut. — Membre de la Société en 1867. Décédé en décembre 1888.

Ricochon (Le docteur Jean), conseiller général des Deux-Sèvres. — Élu le 24 février 1900. Décédé le 4 mai 1902.

Riemann (Othon), maître de conférences à l'École normale supérieure et à l'École pratique des hautes études. — Élu le 3 décembre 1881. Décédé le 16 août 1891.

Rieutord. — Élu le 15 mars 1873. Décédé le 14 janvier 1884.

Rochemonteix (*Frédéric-Joseph*-Maxence-*René* de Chalvet, marquis de), professeur libre à la Faculté des lettres de Paris.— Élu le 7 juin 1873; président en 1891. Décédé le 30 décembre 1891.

Ronel (Charles), chef d'escadron de cavalerie en retraite. — Élu le 8 janvier 1881. Décès notifié à la Société le 26 juin 1886.

Rougé (Le vicomte Emmanuel de), membre de l'Institut, professeur au Collège de France. — Membre de la Société en 1867. Décès notifié à la Société le 4 janvier 1873.

Rudy (Charles). — Membre de la Société depuis l'origine. Décès notifié à la Société le 10 juin 1893.

Sayous (Édouard), professeur à la Faculté des lettres de Besançon. — Élu le 2 mai 1885. Décédé le 19 janvier 1898.

Schœbel (Ch.). — Membre de la Société depuis l'origine. Décès notifié à la Société le 8 décembre 1888.

Seillière (Aimé). — Élu le 13 février 1869. Décès notifié à la Société le 19 novembre 1870.

Specht (Edouard). — Membre de la Société depuis 1866. Décédé en 1906.

Sturm (Victor), directeur de l'École industrielle, Esch-sur-l'Alzette (grand-duché de Luxembourg).— Élu le 20 février 1875. Décès notifié à la Société le 6 avril 1905.

Tholozan (Le Dr Désiré-Joseph), médecin principal de l'armée française, membre correspondant de l'Institut et de l'Académie de médecine. — Élu le 18 avril 1896. Décédé le 30 juillet 1897.

Thurot (*François*-Charles), membre de l'Institut, maître de conférences à l'École normale supérieure. — Admis dans la Société en 1868 ; président en 1872. Décédé le 17 janvier 1882.

Todd (J. *Henthorn*), senior fellow, professeur d'hébreu et conservateur de la bibliothèque à Trinity College (Dublin). — Admis dans la Société en 1868. Décédé le 28 juin 1869.

Tournier (Édouard), directeur d'études à l'École pratique des hautes études, maître de conférences à l'École normale supérieure. — Membre de la Société depuis l'origine ; vice-président en 1872. Décédé le 29 mars 1899.

Vaïsse (Léon), directeur honoraire de l'École des sourds et muets. — Membre de la Société en 1866 ; président en 1875. Décédé le 10 juin 1884.

Vallentin (*Ludovic-Lucien-Mathieu*-Florian), substitut du procureur de la République à Montélimar, directeur du *Bulletin épigraphique de la Gaule*.— Élu le 21 janvier 1882. Décès notifié à la Société le 9 juin 1883.

Van der Vliet (J.), professeur à l'Université d'Utrecht (Pays-Bas). — Élu le 11 mars 1893. Décès notifié à la Société le 15 novembre 1902.

Wharton (Edward-Ross), fellow and lecturer of Jesus College (Oxford). — Élu le 7 février 1891. Décédé le 4 juin 1896.

TABLE DU TOME XV DU BULLETIN

COMMUNICATIONS

On n'indique ici que les communications qui ont fait l'objet d'un résumé un peu détaillé et qui ne figurent pas *in extenso* dans les *Mémoires*.

CHARTRES. — IMPRIMERIE DURAND, RUE FULBERT.

www.ingramcontent.com/pod-product-compliance
Lightning Source LLC
LaVergne TN
LVHW082354160826
845678LV00008B/1836
* 9 7 8 2 3 2 9 7 6 4 7 6 4 *